Wolfgang Schild
Täterschaft
als Tatherrschaft

Schriftenreihe
der
Juristischen Gesellschaft zu Berlin

Heft 137

W
DE
G

1994
Walter de Gruyter · Berlin · New York

Täterschaft
als Tatherrschaft

Von
Wolfgang Schild

Erweiterte Fassung eines Vortrages
gehalten vor der
Juristischen Gesellschaft zu Berlin
am 22. Januar 1992

W
DE
G

1994

Walter de Gruyter · Berlin · New York

Dr. iur. *Wolfgang Schild,*
Professor für Strafrecht,
Strafrechtsgeschichte und Rechtsphilosophie
an der Universität Bielefeld

⊗ Gedruckt auf säurefreiem Papier,
das die US-ANSI-Norm über Haltbarkeit erfüllt.

Die Deutsche Bibliothek – CIP-Einheitsaufnahme

Schild, Wolfgang:
Täterschaft als Tatherrschaft : erweiterte Fassung eines
Vortrages, gehalten vor der Juristischen Gesellschaft zu Berlin
am 22. Januar 1992 / von Wolfgang Schild. – Berlin ; New York
: de Gruyter, 1994
(Schriftenreihe der Juristischen Gesellschaft zu Berlin ; H. 137)
ISBN 3-11-014481-6
NE: Juristische Gesellschaft <Berlin>: Schriftenreihe der Juristischen
...

I.

Der Titel dieses Vortrages[1] „Täterschaft als Tatherrschaft" spielt selbstverständlich auf den Titel des Buches „Täterschaft und Tatherrschaft" von Claus Roxin an, das 1963 erstmals und 1990 nun bereits in 5. Auflage im wesentlichen unverändert (wenn auch ohne das Kapitel über die Fahrlässigkeitsdelikte und vermehrt durch ein Nachwort) erschienen ist. Allein schon diese für eine Monografie wohl einmalige Verbreitung zeigt, daß Roxin die „Zentralgestalt" der Täterschaftslehre ist, weshalb jeder – der an diesem Thema arbeitet ! – sich vorwiegend mit seinen bereits klassisch zu nennenden Thesen auseinander zu setzen hat; was auch deshalb notwendig erscheint, da der Strafgesetzgeber des Allgemeinen Teils 1975 sich in den Materialien ausdrücklich für die Tatherrschaftslehre ausgesprochen hat; was sicherlich mit ein Verdienst dieser 1963 erstmals erschienenen Arbeit Roxins war, der die zunächst äußerst vielgestaltige Theorie auf den Begriff brachte. Überhaupt hat dieses Buch seit 1963 selbstverständlich auch Lehre und Rechtsprechung vor und nach dem 1.1.1975 beeinflußt, man kann sagen: auch verändert bis vereinheitlicht. Mußte Roxin 1963 noch selbst sein Buch mit dem Seufzer von Hermann Kantorowicz aus dem Jahre 1910 einleiten:„Die [Täter- und] Teilnahmelehre ist das dunkelste und verworrendste Kapitel der deutschen Rechtswissenschaft"[2], so konnte Roxin im Nachwort zur 3. Auflage – 1975 – zu recht feststellen, daß diese Einschätzung nicht mehr zutreffend sei[3]. Für heute kann man sogar einen Schritt weiter-

---

[1] Die folgenden Ausführungen stellen die erweiterte Fassung des Vortrages dar, den ich am 22.1.1992 in Berlin gehalten habe (vgl. dazu den Bericht von Armbrüster in JR 1992, S.100 f.). Warum dieser Vortrag erst jetzt veröffentlicht wird, hat mehrere Gründe. Zunächst wollte ich das Erscheinen des Lehrbuches von Roxin abwarten, um es einarbeiten zu können; es erschien aber nur der 1.Band und zudem ohne das Kapitel "Täterschaft". So begann ich eine allgemeine Überarbeitung, die nach einiger Zeit das Manuskript umfangmäßig anschwellen ließ, daß der Rahmen eines Vortrags gesprengt wurde. Deshalb ließ ich die Arbeit liegen, zumal mir wegen der Doppelbelastung in Bielefeld und Leipzig (als Gründungsmitglied der Juristenfakultät) fast keine Zeit zu wissenschaftlicher Arbeit blieb. Eine neue Situation ergab sich erst, als mir die Aufgabe übertragen wurde, für den neuen NOMOS-Kommentar den 3.Titel "Täterschaft und Teilnahme" zu bearbeiten. So gewann der ursprüngliche Vortragstext wieder seine eigenständige Bedeutung: eben als eine kürzere Vorarbeit für ein großes und später ausführlich zu behandelndes Thema. Aus demselben Grunde können die Hinweise in den Fußnoten auf ein Mindestmaß beschränkt werden (und diesbezüglich auf die zukünftige Kommentierung verwiesen werden). Im wesentlichen geht es im Folgenden um eine Roxin-Interpretation, die gegenüber dem mündlich Vorgetragenen in manchen Passagen etwas erweitert wurde.

[2] Roxin, Täterschaft und Teilnahme, 1.Aufl. 1963, S.1.

[3] Roxin, Täterschaft und Tatherrschaft, 3.Aufl. 1975, S.585.

gehen und festhalten: auch die Differenz zwischen Lehre und (neuerer) Rechtsprechung besteht eigentlich nicht mehr, es geht nur um Varianten der Tatherrschaftslehre.

Damit ist das Thema dieses Vortrages klargelegt. Die Täterlehre Roxins soll im Mittelpunkt stehen; und sie soll für ein Problem bzw. dessen Lösung näher untersucht und kritisch befragt werden, das herkömmlich nur am Rande der Diskussion der Tatherrschaftslehre steht. Nämlich: diese Theorie wird vornehmlich für die Abgrenzung von Täter und Teilnehmer (vor allem von mittelbarem Täter und Anstifter) herangezogen, setzt also die *Beteiligung mehrerer* voraus, was Konsequenzen für die nähere Argumentation hat. Doch muß das Kriterium der Tatherrschaft – als Täterbestimmung ! – aber auch für den Fall der *Alleintäterschaft* gelten. D.h.: auch die Täterschaft im Sinne des § 26 I 1.Alt. StGB –"Als Täter wird bestraft, wer die Straftat selbst begeht." – muß als Tatherrschaft gedacht werden (können). Und gerade diese Beziehung – Täterschaft (überhaupt) als Tatherrschaft ! – ist das Thema der nachfolgenden Bemerkungen. Dabei soll zunächst – unter II. – die klassische Arbeit von Roxin von dieser Themenstellung her und auf sie hin betrachtet werden. Die sich daraus ergebene Bestimmung soll dann unter III. für die Alleintäterschaft fruchtbar und für einige Fragen ausgeführt gemacht werden. Die Rückanwendung der Täterbestimmung bei Alleintäterschaft auf die Beteiligung mehrerer soll unter IV. wenigstens als Ausblick auf weitere Fragen angesprochen werden.

II.

Zu beginnen ist mit einer kritischen Aneignung der Täterlehre, wie sie Roxin in seinem Klassiker „Täterschaft und Tatherrschaft" (aus 1963) und seither in weiterführenden Arbeiten entwickelt hat. Daß dabei manche These aus dem Zusammenhang gerissen erscheint, widerfährt wohl jeder Interpretation, auch und gerade wenn sie – wie die meinige hier ! – beansprucht, das Wesentliche zu erkennen und herauszustellen. Aber es ist selbstverständlich, daß dieses Stellen in einen anderen systematischen Zusammenhang und dieses Formulieren in einer anderen Sprache (nämlich eben: des Interpretierenden) zu mancher Verfremdung des vielleicht vom Autor selbst Gemeinten führen müssen. Diese Differenz kann nicht beseitigt werden, sie kann und soll nur durch sorgfältiges Zitieren[4] verringert werden.

1. Die Tatherrschaftslehre ist konzipiert (worden) für die Abgrenzung von Täterschaft und Teilnahme und soll die wesentlichen Merkmale für er-

[4] Dabei wird das Buch "Täterschaft und Tatherrschaft" - wenn nichts anderes angegeben ist - stets in der 5. Auflage von 1990 zitiert.

stere erarbeiten und herausstellen; was unabhängig von dem jeweiligen Inhalt des Täterbegriffs gilt. Auch wer z.b. mit dem Täterwillen argumentiert: ein animus auctoris (oder domini) erhält seinen näheren Inhalt durch die Abgrenzung zum animus socii. Dies bedeutet allgemein(er): der Tatherr – und damit nähern wir uns unserem Leitautor Roxin ! – wird bestimmt als „Zentralgestalt des handlungsmäßigen Geschehens", als „Mittelpunkt und Schlüsselfigur des Deliktsvorgangs", während die Teilnehmer „außerhalb des Zentrums um ihn herumgruppiert", also nur Randgestalten sind. In den Worten Roxins: „ (Der) Täter... ist die Hauptfigur des Geschehens, der Anstifter und Gehilfe stehen am Rande"[5].

Methodisch hat – so könnte man meinen ! – dieser Ansatz bei der Beteiligung mehrerer folgende Konsequenz. Man betrachtet das Zusammenhandeln dieser mehreren – also das, was oben als „handlungsmäßiges Geschehen" bezeichnet ist ! – und setzt ihre Tatbeiträge zueinander in Beziehung. Derjenige, der auf diese Weise als „Zentralgestalt" erscheint, ist so als Täter begriffen, die Randfiguren als Teilnehmer. Von dieser Methode der vergleichenden Relation – wenn ich sie so nennen darf ! – her gewinnt der Täter seine Bestimmung durch seine zumindest zentralere Stellung im Geschehen als die Randfiguren, die ihre Bestimmung als Teilnehmer der zumindest dem Zentrum des Geschehens entfernteren Stellung verdanken. Man kann auch ein anderes Bild gebrauchen: Täter und Teilnehmer sind nach der Wichtigkeit ihrer Tatbeiträge einzuordnen; der Täter steht deshalb über den Teilnehmern, sozusagen eine Stufe über ihnen, ist (auch) deshalb der Herr.

So könnte man die Theorie Roxins z.B. von der Willensherrschaft kraft Irrtums[6] verstehen. Diesbezüglich darf ich erinnern, daß Roxin neben der „Handlungsherrschaft" zwei weitere Formen von Tatherrschaft – womit die „Zentralfigur" bei Begehungsdelikten (im Unterschied zu den Pflichtdelikten und den eigenhändigen Delikten) zu bestimmen sei ! – herausarbeitet, nämlich „Willensherrschaft" und „funktionelle Tatherrschaft", wobei die letztere uns in diesem Zusammenhang (zur Alleintäterschaft) von vornherein nicht interessiert, da sie die Mittäterschaft (§ 25 II StGB) betrifft. Diese Willensherrschaft wird weiter differenziert in eine Herrschaft kraft Nötigung, kraft Irrtums und kraft organisatorischer Machtapparate. Die Willensherrschaft kraft Irrtums wird weiter aufgegliedert in vier unterschiedliche Stufen, orientiert an vier Stufen sinnhafter Tatgestaltung, die analytisch in ein Überordnungsverhältnis gebracht werden können: der Handelnde erkennt zunächst als 1. Stufe seine das Geschehen lenkende Aktivität; auf der 2. Stufe wird ihm die soziale Wertbedeutung seines Tuns

[5] Roxin, Täterschaft, S.25 f.
[6] Roxin, Täterschaft, S. 142 ff.

8

als solchen (nämlich: als materiell rechtswidrig, sozialschädlich, wertwidrig) einsichtig; auf der 3. Stufe begreift er auch die soziale Wertbedeutung dieses Tuns als ihm nach dem StGB vorwerfbare und von ihm (weil schuldhaft begangen) zu verantwortende Tat; und auf der 4. Stufe realisiert der Handelnde auch den „konkreten Handlungssinn". Diese zuletzt genannte Dimension wurde und wird von Roxin unterschiedlich dargestellt. Ursprünglich (1963) ging er von einem doch entscheidenden Unterschied zu den ersten drei Stufen aus; während die ersteren auf den abstrakt-begrifflichen gesetzlichen (Delikts)Tatbestand bezogen seien (und deshalb eindeutig die 2. Stufe die Rechtswidrigkeit, die 3. Stufe die Schuldhaftigkeit innerhalb dieses Delikstatbestandes betreffen), beziehe sich diese 4. Stufe auf die konkrete, individuelle Handlung selbst und betreffe das Problem, ob der Handelnde den von ihm ins Auge gefaßten Zweck seines Tuns erreiche[7]. Doch lag darin im Ansatz bereits ein Widerspruch zur grundsätzlichen Ausgangsthese Roxins – über die noch ausführlicher zu sprechen sein wird! –, daß nämlich nicht irgendeine „Handlung" oder „Finalität" maßgebend sein könne, sondern immer nur die normative Wertung des Gesetzgebers als der gesetzliche Sinnzusammenhang[8], eine These, die Roxin 1962 in seiner „Kritik der finalen Handlungslehre" ausführlich(er) darlegte[9]. Deshalb[10] griff Roxin auch in seinem Beitrag zur Lange-FS (1976) auf normative Kriterien zurück, bindet also seither diese 4. Stufe an den gesetzlichen Delikstatbestand[11]: aber nicht auf das Vorliegen der einzelnen Tatbestandsvoraussetzungen selbst (also auf Rechtswidrigkeit und Schuld), sondern konkret auf die Quantität des Unrechts/der Schuld bzw. auf qualitative Tatumgestaltung (im Sinne eines Qualifikationstatbestandes)[12], wobei diese beiden Fallgruppen bereits 1963 dargestellt waren[13]; auch die Herbeiführung eines error in persona[14] wird normativ zu lösen versucht, da Roxin behauptet, daß diese Auswechslung des Opfers nach der Wertung

---

[7] Roxin, Täterschaft, S.197, 209, 215 ff.

[8] Vgl. dazu Roxin, Täterschaft, S.146

[9] Abgedruckt in: Roxin, Strafrechtliche Grundlagenprobleme, 1973, S.72-121.

[10] Der von Roxin in seinem Beitrag "Bemerkungen zum `Täter hinter dem Täter´" in der Lange-FS 1976, S.173-195 (hier: 188 Fn.48) angegebene Grund -es könne nicht genau zwischen Irrtum über den konkreten Handlungssinn und Motivirrtum unterschieden werden! - überzeugt m.E. nicht. Roxin selbst hat in Täterschaft, S.218 ff., genaue Kriterien für diese Unterscheidung angegeben.

[11] Was freilich in den Fällen Schwierigkeiten bereiten muß, wo der Ausführende selbst kein tatbestandsliches Unrecht setzt; also bei Selbstverletzung oder -tötung oder bei Tätigwerden als rechtmäßig handelndes Werkzeug. Vgl. dazu noch Roxin, Täterschaft, S.225 ff.

[12] Roxin, Lange-FS, S.183 ff.

[13] Vgl. Roxin, Täterschaft, S.212 ff.

[14] Vgl. Roxin, Täterschaft, S.213.

des Gesetzgebers eine veränderte Unrechtsqualität herbeiführen würde, nämlich: der Ausführende habe die Herrschaft über die Tötung „eines" Menschen, der Hintermann aber die höherstufige Tatherrschaft über die Tötung des Opfers in seiner konkreten Individualität[15], welche Begründung freilich m.E. nicht überzeugen kann[16] (sondern Roxin stellt eigentlich wieder auf eine Handlung ab, die über die Tatbestandshandlung hinausgeht). Jedenfalls ermöglichen diese vier Stufen – im Sinne der genannten Methode! – den Vergleich der Beteiligten: derjenige, der eine Stufe über dem anderen steht, erweist sich dadurch als Zentralgestalt. Dabei kann durchaus auch derjenige, der auf einer niedrigen Stufe steht, Täter sein: man denke nur an den Fall[17], daß B irrtümlich das Unrecht seiner Tat nicht einsieht, dieser Verbotsirrtum für ihn aber vermeidbar ist, weshalb nach § 17 StGB seine Schuld nicht ausgeschlossen und B damit strafbarer Täter wäre; überblickt nun A das Geschehen besser und begreift auch dessen Unrechtsgehalt, so übersteigt er die bei B vorliegende Stufe sinnhafter Tatgestaltung, realisiert also die höhere Stufe und ist deshalb Täter: eben kraft seines überlegenen Wissens und Willens (also kraft seiner Willensherrschaft)!

So könnte dieses Leitprinzip der „Zentralgestalt" bei Roxin verstanden werden. Nicht ohne Grund anerkennt er in der sog. „Übergewichtstheorie" Heglers einen „verwertbaren Ansatz"[18]. Auch findet man solche methodischen Formulierungen wie : "Wenn wir bei einem Nötigungsnotstand nach der Zentralgestalt des handlungsmäßigen Geschehens und nach der Person suchen, die den Tatablauf `in der Hand´ hat, so trifft dieses Kriterium auf den Hintermann sehr wohl zu"[19]. Schließlich deutet der Terminus „Willensherrschaft" ebenso darauf hin, daß das Übergewicht eben im Willen maßgebend ist; denn schließlich ist der Wille doch –als der steuernde und gestaltende Faktor ! – dem äußeren kausalen Geschehen übergeordnet (worin sich eine Abhängigkeit zur finalen Handlungslehre Welzels zeigen würde, die dem äußeren Naturgeschehen – determiniert durch die Kategorie der Kausalität – den psychischen Bereich der Handlung – determiniert durch die Kategorie der Finalität – übergeordnet und zusätzlich an oberster Stelle die Dimension der Willensbildung/des Sinnes – determinert durch die Wertgesetzlichkeit – eingeordnet hat[20]). Wiederum nicht ohne Grund steht

---

[15] So Roxin, Lange-FS, S.191. Vgl. auch LK-Roxin § 25 Rn.82.

[16] Auch nicht durch den Hinweis auf den höchstpersönlichen Charakter des Rechtsgutes "Leben"; vgl. Roxin, Täterschaft, S.640 Fn.309.

[17] Jüngstes Beispiel: der Katzenkönig-Fall BGHSt 35, 347 ff.

[18] Roxin, Täterschaft, S.51.

[19] Roxin, Täterschaft, S.143.

[20] Vgl. dazu Schild, Die "Merkmale" der Straftat und ihres Begriffs, 1979, S.14 ff.

Roxin der Dolustheorie – zumindest als Konzeption eines animus domini (Tatherrschaftswillens) –nicht negativ gegenüber[21].

2. Doch würde eine solche Roxin-Interpretation äußerst mißverständlich sein (auch wenn zuzugeben ist – wie sich zeigen wird! –, daß der Autor daran nicht ganz unschuldig wäre). Denn die Willensherrschaft ist eine Form der *Tatherrschaft;* und bezieht neben dem durch die Dolustheorie betonten Erfordernis des Täterwillens notwendig äußere Kriterien des sich ereignenden Geschehens ein. Roxin anerkennt die Willensherrschaft nur „soweit die Tatherrschaft zu bejahen ist", d.h.: die Willensherrschaft ist „eine Tatherrschaft kraft ablaufsgestaltender Willensmacht"[22]. Damit muß der Täter auch in dem Falle von Willensherrschaft das Geschehen lenken, die Herrschaft muß sich im Geschehen auswirken[23], er muß den Geschehensablauf in der Hand haben[24].

Zu fragen ist deshalb nach dem Verhältnis von „Handlungsherrschaft" – als der oben bereits (nur) genannten ersten Form von Tatherrschaft ! – und dieser „Willensherrschaft"; legt doch der Sprachgebrauch als solcher eigentlich nahe, auch dem Täter, der das Geschehen kraft Willensherrschaft „in der Hand hat" und im Ablauf lenkt, die Handlungsherrschaft zuzusprechen.

Für die Willensherrschaft „kraft Nötigung" erscheint dies auf den ersten Blick sogar besonders naheliegend: bezeichnet doch dieses Wort („Nötigung") selbst ein Handeln ! Für die Willensherrschaft „kraft Irrtums" ist es zunächst nicht so einfach möglich, ebenso nicht für die Willensherrschaft „kraft organisatorischer Machtapparate". Es zeigt sich bereits bei der ersten Betrachtung, daß die drei Formen der Willensherrschaft terminologisch nicht zusammenstimmen. Ob auch der Sache nach Unterschiede bestehen (im Verhältnis zur Handlungsherrschaft), ist zu prüfen.

Dabei geht Roxin zunächst davon aus, daß in diesen Fällen der Willensherrschaft durchaus auch eine Handlungsherrschaft vorliegen kann, nämlich als die eigenhändige Verwirklichung aller Tatbestandsmerkmale durch den unmittelbar Handelnden (also den Vordermann); wobei allerdings dafür finale Steuerung erforderlich sei[25]. Näher verlangt Roxin für die eigentliche Handlungsherrschaft Unrechtsvorsatz (so die Terminologie im Lehrbuch[26]): d.h. das Kennen der unrechtsrelevanten Situationsmomente

[21] Vgl. Roxin, Täterschaft, S.314 ff., 323. Ebenso LK-Roxin § 25 Rn.24.
[22] Roxin, Täterschaft, S.142.
[23] Roxin, Täterschaft, S.186, 331.
[24] Roxin, Täterschaft, S.191, 211.
[25] Roxin, Täterschaft, S.130.
[26] Vgl. Roxin, Strafrecht. Allgemeiner Teil Band I: Grundlagen. Der Aufbau der Verbrechenslehre, 1992, § 14 Rn.51 ff.

(weshalb sowohl ein Tatbestandsirrtum als auch ein Erlaubnistatbestandsirrtum die Handlungsherrschaft nehmen[27]). Anzumerken (und darauf bereits jetzt hinzuweisen) ist, daß in diesem Erfordernis des Unrechtsvorsatzes deutlich die normative Dimension der „Handlung" zutage tritt, wie Roxin sie in seiner Kritik an der finalen Handlungslehre ausführlich abgeleitet und gefordert hat. Es geht damit nicht um irgendeine ontologische „Finalität", die das Wesentliche einer Handlung überhaupt kennzeichnet, sondern um die rechtlich geformte und bestimmte Tatbestandshandlung. So ist auch konsequent, daß nach 1975 (und der nun limitierten Akzessorietätsregelung der §§ 26, 27 StGB) für Roxin ein bewußt fahrlässiges Verhalten keine Handlungsherrschaft begründen kann[28], obwohl durchaus von „finaler Steuerung" gesprochen werden könnte[29]; was Roxin 1963 noch dazu gebracht hatte, mittelbare Täterschaft des Hintermannes nur bei besserer Einschätzung des Risikos anzunehmen[30]. – Nicht erforderlich ist – nach Roxin – für die Handlungsherrschaft, daß der Betreffende auch schuldhaft handelt[31]. D.h.: Handlungsherrschaft liegt auch dann vor, wenn der das Geschehen steuernde und gestaltende Wille unfrei ist[32], wenn also das Strafrecht dem Handelnden die Verantwortung wegen Unfreiheit abnimmt[33].

3. Letzteres ist für Roxin bei der Willensherrschaft kraft Nötigung denn auch gegeben. Der Hintermann beherrscht durch seine Zwangshandlung den Genötigten derart, daß diesem kein freier Willensentschluß mehr möglich ist (was aber seine Handlungsherrschaft – wie erwähnt – nicht ausschließt). Dadurch hat der Hintermann den (zwar unfrei, aber immerhin noch) Handelnden in der Hand[34], derart, daß nun in der Handlung des Genötigten der Wille des Nötigers als treibender und gestaltender Faktor wirksam wird[35]. Das Strafrecht sieht in diesem Verhältnis das Geschehen in der Hand des Hintermannes und läßt ihn in die zentrale Position des handlungsmäßigen Ablaufs mit einrücken; der Hintermann wird so zu „einer Hauptfigur des Handlungsvorganges"[36]. Und das heißt: der Hintermann

---

[27] Roxin, Täterschaft, S.171, 140, 205.
[28] So LK-Roxin § 25 Rn.60.
[29] Weshalb die Frage der Tatherrschaft in der 1.Auflage (1963) auch für die (bewußten) Fahrlässigkeitsdelikte angesprochen wurde. In späteren Auflagen mußten diese Passagen entfallen, da die Fahrlässigkeitsdelikte nun als Pflichtdelikte aufgefaßt wurden und werden.
[30] Vgl. Roxin, Täterschaft, S.180 ff., 220 ff.
[31] Roxin, Täterschaft, S.131 ff.
[32] Roxin, Täterschaft, S.133.
[33] Roxin, Täterschaft, S.146.
[34] So ausdrücklich Roxin, Täterschaft, S.143, 180.
[35] Roxin, Täterschaft, S.143.
[36] Roxin, Täterschaft, S.146 f.

12

wird Täter aus Willensherrschaft kraft Nötigung (während der Genötigte
weiterhin die Tatherrschaft aus Handlungsherrschaft behält)!
Zu fragen ist nun, ob nicht auch dem Hintermann eine *Handlungsherrschaft* zugesprochen werden kann, vielleicht sogar muß. Zunächst muß
er jedenfalls selbst handeln: nämlich nötigen, also Zwangsmittel anwenden,
um dadurch den Genötigten in die Hand zu bekommen. Dadurch wird der
Genötigte als solcher zwar nicht ein Werkzeug (kommt ihm doch nach Roxin weiterhin die Handlungsherrschaft zu); aber diese Handlung des
Genötigten ist doch (für Roxin) „unfrei", damit das Werk der Nötigungshandlung des Hintermannes. So kann Roxin formulieren, daß der Wille des
Hintermannes – der sich zunächst in der Nötigungshandlung und im Nöti-
gungs „erfolg" (nämlich: der Zwangssituation des Genötigten) realisiert! –
auch die vom Genötigten gesetzte Handlung lenkt und steuert[37]. Nicht nur
hat der Hintermann den Inhaber der Handlungsherrschaft in der Hand;
sondern wegen dieser Nötigungshandlung hat er auch den Tatablauf selbst
in der Hand[38]. Die Handlungsherrschaft des Genötigten wird dadurch vom
Willen des Nötigers erfaßt und selbst in die Realisierung dieses (nötigenden) Willens einbezogen: der Wille verwirklicht sich somit nicht nur in der
Nötigungshandlung, sondern auch in der durch sie erzwungenen Handlung
des Genötigten, weshalb dessen Tätigwerden – vom Hintermann her betrachtet! – als Einsatz eines Werkzeuges erscheint. Auch wenn der
Genötigte als solcher die Handlungsherrschaft haben und deshalb selbst
kein Werkzeug sein sollte: er wird vom Hintermann als Werkzeug eingesetzt und durch die Nötigungshandlung gebraucht. Deshalb wird die
Handlung des Genötigten dem Hintermann als dessen eigene Handlung
zugerechnet; und deshalb begeht der Hintermann die Tatbestandshandlung
selbst! Er beherrscht das Geschehen derart, daß es ihm insgesamt als Handlung im Sinne des jeweiligen Tatbestandes zugerechnet wird.
In diesem Sinne kann man m.E. ohne terminologische Bedenken von
„Handlungsherrschaft" des Hintermannes sprechen. Wie der unmittelbar
alle Tatbestandsmerkmale verwirklichende Ausführende setzt auch der
Nötigende durch den Genötigten als sein Werkzeug die Tatbestandshandlung. Der Unterschied liegt nicht in der Handlungsdimension, sondern in
der Unmittelbarkeit bzw. im Einsatz eines Menschen als Werkzeug. Roxin
meint: „Unmittelbar beherrscht der Nötigende allein den Genötigten ... Der
Hintermann [beherrscht] mittelbar auch die Tat selbst"[39]. Damit kann man
einverstanden sein, wenn daraus nicht der Unterschied einer Handlungsherrschaft und Willensherrschaft gemacht wird. Denn dann würde nur der

---

[37] Roxin, Täterschaft, S.143.
[38] Roxin, Täterschaft, S.143.
[39] Roxin, Täterschaft, S.143.

unmittelbar Ausführende „handeln" (und der Hintermann würde nur als Wille herrschen, ohne zu handeln)! Gerade diese formal-objektive Täterbestimmung wollte Roxin aber durch eine materielle Theorie der Tatherrschaft überwinden. Deshalb setzt unzweifelhaft auch der Hintermann durch das von ihm genötigte Werkzeug die Tatbestandshandlung, handelt also selbst (im Sinne des Tatbestandes). Deshalb muß er doch auch die „Handlungsherrschaft" haben, nämlich: die „Tatbestandshandlungsherrschaft" (und nur um diese geht es Roxin und kann es gehen, da von ihm – wie erwähnt und noch zu näher zu besprechen sein wird ! – jede nichtnormative Handlungslehre bereits im Ansatz abgelehnt wird). Diese Tatbestandshandlungsherrschaft kann sich in einem unmittelbaren oder mittelbaren Tätigwerden („Ausführen") zeigen; der Wille des Täters kann sich seiner eigenen Gliedmaßen (seines eigenen Leibes) bedienen oder einen anderen Menschen als Werkzeug einsetzen. Auch der „mittelbare Täter" begeht die Tatbestandshandlung selbst! Denn das Tätigwerden des Werkzeugs wird dem Handeln des Hintermannes – hier: der Nötigung! – zugerechnet, verliert also in diesem Verhältnis des Zwingens und Gezwungenwerdens die selbständige Qualität als menschliche Handlung und wird betrachtet wie ein anderes Werkzeug auch (etwa eine Maschine oder ein Tier). Der Hintermann beherrscht nicht nur den Ausführenden und hat ihn in der Hand: dies begründet nur die Position als (mögliches) Werkzeug! Durch das den Genötigten als Werkzeug Verwenden verwirklicht der Hintermann auch seinen Willen in dem Tätigwerden des Werkzeugs, weshalb er das gesamte Geschehen lenkt und steuert, d.h. eben: handelt! Es herrscht nicht ein überlegener Wille über einen unterlegenen; sondern der erstere Wille realisiert sich in einem Nötigungshandeln, das den Ausführenden zu einem Werkzeug macht, weshalb dessen Handeln zugerechnet werden kann als eigenes Handeln. Das Recht „[sieht] in dieser Situation das Geschehen in der Hand des Hintermannes"[40], d.h. betrachtet das Geschehen als seine Handlung, die nicht nur Nötigungshandlung ist, sondern das Handeln des Genötigten umgreift, es als Werkzeugeinsatz einbezieht und so in sich aufnimmt, wodurch es insgesamt die Tatbestandshandlung des Hintermannes wird (gesetzt „durch einen anderen"). Wichtig ist dabei, die Notwendigkeit der Nötigungshandlung zu betonen: denn durch sie wird der so Behandelte zum Werkzeug; nur weil sie weiterwirkt in der Steuerung und Ablaufsgestaltung des Handelns des Genötigten, kann dieses Handeln dem Nötiger zugerechnet werden. Deshalb reicht eine bloße Willensbeeinflussung nicht aus[41]. Der Hintermann muß schon so massiven Druck ausüben, daß der Genötigte als Werkzeug erscheint. Beim „einfachen Not-

---

[40] So Roxin, Täterschaft, S.146.
[41] Vgl. Roxin, Täterschaft, S.143.

stand", also in den Fällen, in denen der Ausführende nicht durch einen Hintermann, sondern durch den Zwang der Ereignisse in die Nötigungssituation geraten ist, kann deshalb bloße seelische Unterstützung oder Rat nicht ausreichen, Täterschaft des Hintermannes zu begründen: dieser muß schon handeln und so handelnd dem in Not Geratenen die Möglichkeit eröffnen, sich auf Kosten eines anderen zu retten[42].

Roxin möchte für die nähere Bestimmung des Genötigten als eines Werkzeuges auf das „Verantwortungsprinzip"[43] abstellen; was bereits im Ansatz verwundern muß, trennt er doch ausdrücklich die Frage der Tatherrschaft von der Verantwortungsfrage, weshalb ja – wie wir wissen! – auch der Genötigte selbst weiterhin Tatherr bleibt. Sprachlich differenziert läßt Roxin deshalb den Hintermann in die „zentrale Position des handlungsmäßigen Ablaufs" nur – ich hebe heraus! – „*mit*-einrücken", wodurch der Hintermann zu „*einer* Hauptfigur des Handlungsvorganges" wird, und zwar nach der Wertung des Gesetzgebers[44]. Dies kann doch nur heißen: auch der Vordermann bleibt in der zentralen Position und bleibt „eine" Hauptfigur: „Er beherrscht die Tatausführung kraft seiner Handlung ... [Die Nötigung durch den Hintermann] hebt nicht die Täterschaft (sondern allenfalls die Verantwortlichkeit) des Ausführenden auf"[45]. Wie soll der Gesetzgeber dann aber durch Aufhebung dieser Verantwortlichkeit des Genötigten „zu erkennen [geben], daß er dem Hintermann das Geschehen als seine Tat zurechnen will"[46]: wo doch weiterhin dem Genötigten das Geschehen als seine Tat zugerechnet wird, da er die Tatherrschaft qua Handlungsherrschaft hat? Die Begründung Roxins setzt deshalb auch nicht unmittelbar am Problem der Verantwortung an, sondern am Begriff der Willensherrschaft selbst: der Nötigende beherrsche den Genötigten! und dies bedeute, daß dem Genötigten keine freie Entscheidung mehr bleiben dürfe[47]. Denn nur dann –so kann man folgern! – besteht überhaupt die Möglichkeit einer die Handlungsherrschaft des Genötigten übersteigenden Tatherrschaft des Nötigers; und zwar eben als Herrschaft seines Willens, der an die Stelle des unfreien Willens des Genötigten tritt. Wegen dieser Unfreiheit seines Willens kann der Genötigte – obwohl er selbst Handlungsherr ist! – Werkzeug des ihn beherrschenden Willens sein! Doch sieht Roxin, daß diese Frage der Freiheit oder Unfreiheit des Willens im Einzelfall nicht gelöst werden kann: die Nötigungshandlung kann unterschiedliches Gewicht haben! Deshalb muß Roxin – will er diesen Ansatz festhalten! –

---

[42] So Roxin, Täterschaft, S.150 ff., 155 ff.
[43] Vgl. Roxin, Täterschaft, S.169.
[44] Roxin, Täterschaft, S.146 f.
[45] LK-Roxin § 25 Rn.40.
[46] LK-Roxin § 25 Rn.49.
[47] Roxin, Täterschaft, S.144.

die „Unfreiheit" anders verstehen: nicht als Frage des Einzelfalles, sondern als normative (generelle) Entscheidung des Gesetzgebers. „Unfrei" im Sinne des Gesetzes mache der Nötigungsdruck den Betroffenen dann, wenn der Gesetzgeber „eine selbständige Entscheidung ... von ihm nicht mehr verlangt"[48], also im Fall des entschuldigenden Notstandes des § 35 StGB. Dieser Hinweis kann aber m.e. in keiner Weise überzeugen und ist – im System von Roxin selbst – widersprüchlich[49]. Denn der Grund, warum der Gesetzgeber diese Entscheidung nicht mehr verlangt, liegt – nach Roxin selbst[50] – nicht in dem Versuch, unser Problem des Zusammenwirkens von Nötiger und Genötigten zu regeln, sondern in dem allgemeinen Charakter der Straftat des Handelnden selbst, nämlich: Vorgesehen ist die Entschuldigung gemäß § 35 primär aus Überlegungen der Strafzwecklehre, mitbegründet durch eine auch statthabende Minderung des Unrechts. § 35 paßt also im Ansatz bereits nicht für die Frage der Beherrschung des Genötigten! Und von vornherein muß diese strafzwecktheoretisch begründete Vorschrift des § 35 für die Fälle strafloser Selbstschädigung (-tötung) ausscheiden.

Diese Orientierung der Willensherrschaft kraft Nötigung an der Verantwortung[51], d.h. an der Verantwortlichkeit des Ausführenden (weshalb keine Willensherrschaft anzunehmen ist, solange der Ausführende für seine Tat voll verantwortlich gemacht wird[52]), ist um so verwunderlicher, als sie m.e. auf einem Ansatz beruht, den Roxin selbst in den anderen Fällen der mittelbaren Täterschaft ausdrücklich zurückgewiesen hat. Es geht für Roxin stets um die Täterschaft des Hintermannes, der sich in den Fällen der mittelbaren Täterschaft eines menschlichen Werkzeugs als des Ausführenden bedient. Dieser Charakter als Werkzeug ist maßgebend; kann aber nur im Verhältnis zum Hintermann überhaupt bestimmt werden. Kein Mensch ist als solcher Werkzeug; aber dies ist auch kein Tier, nicht einmal eine Sache. Sondern erforderlich ist, daß ein Wille sich dieser Sache, dieses Tieres, dieses Menschen als eines Werkzeugs bedient, indem er es/ihn einsetzt als Mittel seiner Realisierung. Gefragt werden kann in unserem Fall also nur, ob ein (i.S. der unmittelbaren Handlungsherrschaft) Handelnder von einem Hintermann eingesetzt wird als Werkzeug! Ob er selbst und als solcher ein Werkzeug ist, kann überhaupt nicht beantwortet werden: er ist im angegebenen Sinne Handelnder und muß auf mögliche Strafbarkeit hin geprüft werden. Nur im Verhältnis zu einem anderen Willen – der ihn als Werkzeug bestimmt und lenkt! – kommt die Werkzeugsqualität überhaupt

---

[48] Roxin, Täterschaft, S.147.
[49] Im wesentlichen folge ich der Kritik von Küper, JZ 1989, S.935 -949 (hier: 944 ff.).
[50] Vgl. nur Roxin, Kriminalpolitik und Strafrechtssystem, 1970, S.33 ff.
[51] So ausdrücklich Roxin, Täterschaft, S.147.
[52] Vgl. LK-Roxin § 25 Rn.50.

erst in Sicht; nur als Werkzeug dieses Willens, der sich im Gebrauchen und Verwenden der Kräfte des Werkzeugs handelnd verwirklicht, und damit als Verwirklichung dieses Willens in der Handlung stellt sich das Problem. Zu fragen ist daher nur, unter welchen Voraussetzungen ein handelnder Mensch als Werkzeug eingesetzt werden kann von einem Willen, der sich durch ihn handelnd verwirklicht[53]. Gefragt ist ein Handlungsbegriff, der den Einsatz von menschlichen Werkzeugen umfaßt und bestimmt; und der damit niemals auf Eigenhändigkeit abstellen kann.

Für diese Fragestellung ist also die von Roxin genannte „Willensherrschaft kraft Nötigung" fruchtbar zu machen; dahingehend, daß der Hintermann dann die Tatbestandshandlung setzt, wenn er durch Nötigungshandlung einen anderen zu einer den tatbestandmäßigen Erfolg herbeiführenden Tätigkeit zwingt. Ob dieser andere dann strafrechtlich verantwortlich ist, ob er „frei" gehandelt hat oder nicht, interessiert für die Frage nach der Strafbarkeit des Hintermannes nicht. Dieser ist dann Täter, wenn er durch ein genötigtes Werkzeug handelt; und es ist (nur) erforderlich, dieses Merkmal „durch den Genötigten als Werkzeug" zu konkretisieren und wohl auch zu typisieren; denn selbstverständlich reicht eine bloße Willensbeeinflussung nicht aus. Aber es ist nicht zu begründen, warum es einer Notsituation i.S. des § 35 I StGB bedarf und warum nicht auch z.b. schwerwiegende Bedrohung des Vermögens, der Ehre, des Hausrechts usw. ausreichenden Druck erzeugen könnten, wenn sie der Hintermann gezielt und erfolgreich zur Lenkung des so Genötigten einsetzt. Ich kann auch nicht sehen, warum das Verantwortungsprinzip mehr Rechtssicherheit bringen soll als die hier für erforderlich gehaltene[54] Konkretisierung des Handelns durch ein genötigtes Werkzeug. Jedenfalls möchte ich festhalten: der Hintermann hat in meiner Terminologie in diesen Fallkonstellationen die „Handlungsherrschaft", wie der unmittelbar und allein alle Tatbestandsmerkmale Verwirklichende.

Roxin möchte – wie erwähnt! – zwischen „Handlungsherrschaft" und „Willensherrschaft" unterscheiden und das Gemeinsame von beiden nur im

---

[53] Unerheblich ist deshalb auch die Frage, ob der als Werkzeug eingesetzte Mensch selbst tatbestandsmäßig handelt. Auch wenn z.b. der Genötigte sich selbst verletzt oder tötet, tut er dies als ein vom Hintermann eingesetztes und verwendetes Werkzeug, weshalb der Hintermann einen anderen Menschen tötet. Freilich ist Voraussetzung, daß die Nötigungshandlung so bestimmend und determinierend ist, daß der durch sie Genötigte als Werkzeug aufgefaßt werden kann.

[54] Die nähere Konkretisierung und Typisierung kann in diesem Rahmen nicht geschehen. Es kommt mir in diesem Zusammenhang auf den Ansatz überhaupt an: nämlich nicht bei der rechtlichen Qualifizierung des Vordermannes, sondern bei der vom Hintermann aus betrachteten Qualität als dessen Werkzeug. Dies schließt nicht aus, daß zahlreiche Argumente für beide Betrachtungsweisen gelten können.

Begriff der „Tatherrschaft" setzen. Deutlich wird damit m.E., daß Roxin sich in dieser Theorie der „Handlungsherrschaft" (und der Abgrenzung zu einer „Willensherrschaft") noch immer an einem vor-juristischen, vor-normativen, alltäglich-phänomenologischen Handlungsverständnis orientiert, also an einer „Handlung" als „mit eigener Hand" oder „unmittelbar" die Tat ausführen! Nimmt man seine Kritik an der finalen Handlungslehre ernst, dann muß von vornherein aber ein normativer Handlungsbegriff –bezogen auf die Tatbestandshandlung! – entfaltet werden: „Man kann mit der Finalität nicht hinter den Tatbestand zurückgehen"; „die finale *Handlungs*lehre ist .. durch eine finale *Tatbestands*lehre zu ersetzen", und dies muß bedeuten: „der Tatbestand ... kann nur so beschaffen sein, daß er sämtliche soziale Sinnbezüge der Handlung, soweit sie für das Unrecht maßgebend sind, vollständig umfaßt", noch mehr: „daß man ... den Tatbestand auch als Schuldtypus auffassen muß"[55]. Jedenfalls muß im Zentrum die Tatbestandshandlung stehen, also die Handlung im Sinne des Tatbestandes. Roxin bringt dies mit dem Terminus „Tat"-Herrschaft wohl auch zum Ausdruck; doch da er „Handlungsherrschaft" vor-normativ (vor-tatbestandlich) versteht, kann er diese Tatherrschaft nicht mit Tatbestands"handlungs"herrschaft gleichsetzen. Genauer: deshalb kann er diese materielle Gestaltung der Tatherrschaft als einer Tatbestandshandlungsherrschaft nicht ausdrücklich festhalten! In der Sache freilich kommt Roxin zu eben diesem Ergebnis: denn er beschränkt die Tatherrschaft auf die Begehungsdelikte[56]. D.h.: das Kriterium der Tatherrschaft kann nur dort greifen, wo die Zentralgestalt als Handlung tatbestandlich gefaßt ist. In seinem Vortrag „Kriminalpolitik und Strafrechtssystem" (1970) stellt Roxin dies auch ausdrücklich fest: „Bei den Handlungsdelikten ist Täter, wer die jeweilige Tatbestandshandlung beherrscht; hier entscheidet also die Tatherrschaft"[57]. D.h. aber (in meiner Interpretation und Terminologie): „Hier entscheidet die Tatbestandshandlungsherrschaft!"

4. Betrachten wir nun die zweite Form der Willensherrschaft, die Roxin als eine „kraft Irrtums" kennzeichnet und über deren vier Unterformen schon berichtet wurde. Eine mögliche Anwendung des Verantwortungsprinzips lehnt Roxin hier zu recht ab! Aber wie soll der Irrtum des unmittelbar Handelnden – ob er jetzt die Handlungsherrschaft hat oder nicht (weil er z.B. nicht vorsätzlich tätig wird)! – die Täterschaft des Hintermannes begründen? Der Terminus paßt von vornherein nicht. Gemeint ist von Roxin sicherlich: Willensherrschaft „kraft überlegenen Wissens"[58]. Denn

---

[55] So Roxin, Grundlagenprobleme, S.106, 107, 117.
[56] Vgl. Roxin, Täterschaft, S.335 ff.
[57] Roxin, Kriminalpolitik, S.21.
[58] So Roxin, Lange-FS, S.183.

in den herausgestellten Fällen ist der Hintermann dadurch in einer überlegenen Stellung gegenüber dem Handelnden, daß er das Geschehen besser überblickt als dieser, also mehr erkennt und daher besser weiß, was passieren wird und kann, als dieser.

Doch kann auch dieses überlegene Wissen allein nicht Kriterium der Tatherrschaft (als Willensherrschaft) im Sinne Roxins sein. Es muß auch dieses Herrschaftsmoment dazukommen. Das heißt: das überlegene Wissen muß das Tun des Irrenden – genauer: des sein Tun nicht in diesem Umfang und dieser Sinndimension Erkennenden und Wissenden (also des „negativ" Irrenden)! – gestaltend überformen[59]. Eigentlich geht es gar nicht um einen (positiven oder negativen) Irrtum selbst; sondern darum, daß der Irrende sein eigenes Tätigwerden nicht in dem eigentlichen Gehalt/Sinn, in der eigentlichen Qualität/Bedeutung erkennt und daher nicht weiß, was er (eigentlich) tut; und daher auch nicht wollen kann, was er wirklich tut. Der Irrtum ist nicht nur ein Mangel des Wissens, sondern auch des Willens; und damit der Handlung als der Verwirklichung dieses Willens. Deshalb ist es dem Hintermann möglich, das Tun des so Irrenden gestaltend zu überformen. Der Irrtum des Ausführenden ist dafür Voraussetzung, aber nicht die hinreichende Bedingung; dieser Irrtum (in den vier Gestalten) betrifft nur „die Möglichkeit einer gestaltenden Überdetermination"[60]. D.h.: dieser Irrtum läßt den davon Betroffenen im Verhältnis zum überlegen Wissenden als Werkzeug einsetzbar, einplanbar werden[61]; der überlegen Wissende kann „kraft seiner weiterreichenden Kenntnis den Ausführenden als Werkzeug seiner verbrecherischen Pläne benutzen und durch seine Mitwirkung das Geschehen in seiner deliktischen Bedeutung bewußt gestalten"[62]. Der Hintermann ist deshalb „fähig, das Handlungsgeschehen je nach dem Maße seiner überschießenden Kenntnis sinnverwirklichend allein zu gestalten"[63]. Aber dies *ermöglicht* nur die Herrschaft des überlegen Wissenden. Tatherr kann er nur (und erst) dann werden, wenn er diese Möglichkeit auch wirklich ergreift und die Willensherrschaft durch den Irrenden als Werkzeug wirklich ausübt. Erforderlich ist deshalb – wie im Falle der Willensherrschaft kraft Nötigung! – eine Handlung des Täters, die den Irrenden als Werkzeug umgreift und dessen Aktivität einbezieht in die eigene Willensverwirklichung, weshalb das gesamte Geschehen als Handlung des Hintermannes – der in ihr seinen überlegenen Willen verwirklicht! – erscheint. Ein bloßes Ausnutzen eines Irrtums kann dafür nicht zureichend sein; die

---

[59] So Roxin, Täterschaft, S.204.
[60] So Roxin, Täterschaft, S.232; vgl. auch S.199, 201, 202, 205, 211, 232, 319.
[61] So Roxin, Lange-FS, S.178, 182.
[62] Roxin, Täterschaft, S.211.
[63] Roxin, Täterschaft, S.232.

Dogmatik des § 263 StGB – der in gewisser Weise einen Fall von mittelbarer Täterschaft regelt! – kann dafür fruchtbar gemacht werden[64]. Die von Roxin gewählte Terminologie – „kraft Irrtums" – scheint nun freilich die Anerkennung einer Willensherrschaft als einer solchen zu bedeuten[65]. Aber es geht auch hier für Roxin eigentlich nicht um Willen (noch weniger um Wissen), sondern um eine Handlungsherrschaft. Die Parallele zur Willensherrschaft kraft Nötigung (i.S.von: Nötigungshandlung) kann deshalb hier nur heißen: kraft Täuschung (Täuschungshandlung)[66]. Täter kann der Hintermann nur sein, wenn er den Irrenden zu der Ausführungshandlung bringt: indem er den Irrtum herbeiführt oder den Irrenden zur Tat auffordert, ihm diese einredet, dazu rät, ihn veranlaßt usw.[67] Nur durch dieses auf den Irrtum bezogene, ihn umfassende Handeln wird der Irrende auch wirklich als Werkzeug benutzt, weshalb der Hintermann nicht eine Willensherrschaft kraft Irrtums (auch nicht: kraft Täuschung), sondern die Handlungsherrschaft selbst hat.

Selbstverständlich stellt dieses den Irrtum des Ausführenden erfassende und gestaltende Handeln als solches (und isoliert betrachtet!) keine Tatbestandshandlung dar. Der Hintermann kann wie ein Gehilfe tätig werden: A reicht dem Mit-Wilderer B, der den Förster X nicht erkennt, sondern ein Wildschwein erschießen will, in Erkenntnis dieses Irrtums das geladene Gewehr, weil er den Tod des X will. Noch mehr: es kann eine äußerlich ganz unwesentliche Mitwirkung in einer Nebenrolle vorliegen[68]: A reicht dem B auf dessen Bitte hin ein Glas Wasser zur Auflösung eines Medikamentes, hat aber erkannt, daß B irrtümlich ein tödliches Gift ergriffen hat, denn A will den Tod des Kindes X, dem B das Medikament einflößt. Die Suche nach einer „Willensherrschaft" macht auf den ersten Blick deutlich, daß die Frage falsch gestellt ist: es geht nicht um Hinreichen eines Gewehres oder eines Wasserglases. Sondern A will einen anderen Menschen töten, indem er sich eines (oder mehrerer) Werkzeuge(s) bedient: des Gewehres bzw. des Wassers (das das Gift verdünnt oder auflöst) und des ahnungslosen B. Deshalb stellt das Übergeben des Gewehres bzw. des Wasserglases im Zusammenhang dieses das Gesamtgeschehen (auch die Unwissenheit des B) erfassenden Willens immer schon eine Tötungshandlung dar als die Verwirklichung dieses Willens (im Einsetzen der sächlichen und menschlichen Werkzeuge). Zu recht hat Roxin für beide Fälle mittelbare Täterschaft angenommen[69].

---

[64] Man betrachte nur die Kommentierung in LK-Lackner § 263.

[65] Vgl. Roxin, Täterschaft, S.225, 233, 263; auch Lange-FS, S.177.

[66] So ausdrücklich Roxin, Täterschaft, S.192, 224, 225, 245, 595; Lange-FS, S.182, 184.

[67] Vgl. Roxin, Täterschaft, S.200, 201, 214, 216, 220.

[68] So die Formulierung in Jescheck, Lehrbuch des Strafrechts. Allgemeiner Teil, 4.Aufl. 1988, § 62 I.3.

[69] Roxin, Täterschaft, S.174 ff.

Roxin bestätigt im Grunde sogar auch diese hier von mir gewählte Terminologie selbst. Man betrachte nur das oben gebrachte Zitat, wonach der überlegene Wille es dem Hintermann ermögliche, „das Handlungsgeschehen ... sinnverwirklichend *allein* zu gestalten"[70]; und die Begründung dazu: „denn der unmittelbar Ausführende kann dem, was seinem Verständnis nicht zugänglich ist, seinen freien Willen nicht hemmend und selbst entscheidend entgegensetzen"[71]. Wegen des Irrtums erscheint der Ausführende –vom Hintermann her gesehen (und im Verhältnis zu ihm als dem Täter !) – nur als „ein in die Ursachenkette eingeschalteter blinder Bedingungsfaktor", wie Roxin es für das vorsatzlose Werkzeug formuliert[72], was aber für alle weiteren Fälle gelten muß[73]. Dies bedeutet wieder nicht, daß der Ausführende als solcher (und als dieser, d.h. als Ausführender) Werkzeug wäre; ein Mensch ist niemals Werkzeug. Der Ausführende kann durchaus Täter sein; das Recht kann z.b. seinen Irrtum für unerheblich erklären und ihm das Getanene als Verwirklichung seines Willens zurechnen (wie im Falle des gleichwertigen error in persona) oder ihn sonst für strafbar erklären (wie im Falle des vermeidbaren Verbotsirrtums). Aber im Verhältnis zum überlegenen Willen und von dessen Verwirklichung her wird der Ausführende als blindes Werkzeug eingesetzt und benutzt ! Deshalb kommt auch hier dem Hintermann die Handlungsherrschaft zu; und deshalb hat Roxin in seiner Lösung des Dohna-Falles[74] recht: wer den error in persona des Ausführenden erkennt und den Irrenden als Werkzeug handelnd benutzt, begeht die Tatbestandshandlung selbst (durch den Ausführenden als Werkzeug), gleichgültig, ob dieser selbst strafbarer Täter ist oder nicht, auch gleichgültig, ob der normative Unrechtsgehalt umgestaltet wird oder nicht[75].

Zudem wird deutlich, daß die Struktur dieser Handlungsherrschaft des überlegenen Wissens der des nötigenden Willens gleicht. Denn auch der Genötigte – den Roxin selbst als unfrei beschreibt ! –kann doch dem Täter „seinen freien Willen nicht hemmend und selbstentscheidend entgegensetzen"[76]. In beiden Fällen geht es um den Einsatz eines Werkzeugs: was Roxin selbst klar legt: „Wenn man sich ... überlegt, wie man, ohne selbst mit Hand anzulegen, ein durch andere bewirktes Geschehen in maßgeblicher Weise lenken kann, so lassen sich, wenn ich recht sehe, überhaupt nur drei Mittel denken: Man kann den Handelnden zwingen; man kann ihn hin-

---

[70] Roxin, Täterschaft, S.232 (Heraushebung von mir).
[71] Roxin, Täterschaft, S.232.
[72] Roxin, Täterschaft, S.171.
[73] Vgl. nur Roxin, Täterschaft, S.214.
[74] Vgl. Roxin, Täterschaft, S.212 ff.
[75] Worauf Roxin in Lange-FS, S.191, abstellen will.
[76] So Roxin, Täterschaft, S.232.

sichtlich des für die Täterschaft entscheidenden Umstandes als blinden Kausalfaktor einsetzen; oder der Ausführende muß, wenn er weder genötigt noch getäuscht wird, beliebig auswechselbar sein"[77].

5. Damit ist bereits die dritte[78] Form der Willensherrschaft –von Roxin als eine „kraft organisatorischer Machtapparate" bezeichnet ![79] – genannt. Gemeint ist damit „kraft des Einsatzes eines organisatorischen Machtapparates als eines Werkzeuges" –worauf die Bezeichnung als „Apparat" schon hinweist – und letztlich ebenso die Handlungsherrschaft des die Macht zu diesem Einsatz ausübendenden Hintermannes.

Roxin begründet diese dritte Form der Willensherrschaft von vornherein nicht von einem Willen her, sondern greift „nur auf Differenzierungen objektiver Art" zurück[80], nämlich: „auf (die) spezifische Wirkweise des den Hintermännern in unseren Beispielsfällen zu Gebote stehenden Apparates. Eine solche Organisation nämlich entfaltet ein Leben, das vom wechselnden Bestande ihrer Mitglieder unabhängig ist. Sie funktioniert, ohne daß es auf die individuelle Person des Ausführenden ankommt, gleichsam ʻautomatischʻ... Wenn ... der an einer Schaltstelle des Organisationsgefüges sitzende Hintermann auf den Knopf drückt und eine Tötungsaufforderung ausspricht, so kann er sich darauf verlassen, daß dem Folge geleistet wird, ohne daß er den Ausführenden auch nur zu kennen braucht. Es ist auch nicht erforderlich, daß er zu den Mitteln der Nötigung oder Täuschung greift. Denn er weiß, daß, wenn eines der zahlreichen bei der Deliktsrealisierung mitwirkenden Organe sich seiner Aufgabe entzieht, sogleich ein anderer an seine Stelle tritt, ohne daß die Durchführung des Gesamtplans beeinträchtigt wird. – Der für die Begründung der Willensherrschaft in solchen Fällen entscheidende Faktor ... liegt also in der Fungibilität des Ausführenden"[81]. „Der Ausführende ist, so wenig an seiner Handlungsherrschaft gerüttelt werden kann, doch gleichzeitig nur ein in jedem Augenblick ersetzbares Rädchen im Getriebe des Machtapparates, und

---

[77] Roxin, Täterschaft, S.245.
[78] Auf die Frage, ob es noch weitere Typen der Willensherrschaft gibt, ist hier nicht einzugehen. Aber doch hingewiesen werden soll auf den Einsatz eines Schuldunfähigen, der das Unrecht seiner Tat erkennt (also nicht im Irrtum ist und auch nicht genötigt wird), aber nicht nach dieser Einsicht handeln kann, als eines Werkzeuges. Roxin möchte hier einen der Willensherrschaft kraft Nötigung vergleichbaren Fall annehmen (Täterschaft, S.235): denn wie der Genötigte von Rechts wegen als unfrei behandelt und deshalb für nicht-verantwortlich gehalten wird, so ʻkann (auch dem Schuldunfähigen) der Tatentschluß nicht als sein Werk zugerechnet werdenʼ; es fehle ebenso die ʻWillensherrschaftʼ. Vergleichbar sind aber alle Fälle der Tatherrschaft. Es ist daher zu fragen, ob Roxin nicht für diesen Fall einen 4. Typus der Willensherrschaft des Hintermannes annehmen müßte.
[79] Roxin, Täterschaft, S.242 ff.
[80] Roxin, Täterschaft, S.244.
[81] Roxin, Täterschaft, S.245. – Zum ganzen vgl. auch Roxin, GA 1963, S.193 ff.

22

diese doppelte Perspektive rückt den Hintermann neben ihn ins Zentrum des Geschehens"[82].

Roxin verwendet den Begriff „Organisationsherrschaft"[83]; nämlich in dem Sinne, daß der Hintermann (also der „Schreibtischtäter") trotz des Verlustes an Tatnähe Zentralgestalt sei wegen des „Maßes an organisatorischer Herrschaft"[84], also wegen seiner Befehlsgewalt[85]. „Für seine Täterschaft entscheidend allein ist der Umstand, daß er den ihm unterstellten Teil der Organisation lenken kann, ohne die Deliktsverwirklichung anderer anheimstellen zu müssen"[86]. In der hier verwendeten Terminologie hat der Hintermann die Handlungsherrschaft selbst. Das heißt: er tötet durch einen Ausführenden, der ihm gegenüber Rädchen in einem Machtapparat ist, den er beherrscht und einsetzt. Wieder gilt: wie der Ausführende selbst und als solcher zu qualifizieren ist, ist für die Frage der Täterschaft des Hintermannes nicht relevant. Und jedenfalls geht es nicht um die Herrschaft eines Willens; sondern um die Verwirklichung eines Willens durch ein (menschliches) Werkzeug, das hier schon sprachlich – qua „Apparat"! – vorausgesetzt ist.

Roxin möchte diese Organisationsherrschaft auf rechtsgelöste Apparate beschränken, d.h. auf Fallkonstellationen, wo der Apparat als ganzer außerhalb der Rechtsordnung wirkt. Zur Begründung gibt er an: „Denn solange Leitung und Ausführungsorgane sich prinzipiell an eine von ihnen unabhängige Rechtsordnung gebunden halten, kann die Anordnung strafbarer Handlungen nicht herrschaftsbegründend wirken, weil die Gesetze den höheren Rangwert haben und im Normalfall die Durchführung rechtswidriger Befehle und damit die Willensmacht des Hintermannes ausschließen"[87]. Diese Argumentation kann freilich nicht überzeugen; ganz im Gegenteil verstellt sie den Zugang zu einem wirklich eigenständigen Tatherrschaftstypus, nämlich: dem der sozialen Herrschaft (Macht)[88]. Roxin versteckt das entscheidende Merkmal, indem er auf den höheren Rangwert der Gesetze abstellt. Maßgebend ist aber nicht gedrucktes Papier in einem Bundesgesetzblatt, sondern die soziale Wirksamkeit dieser Gesetze „im Normalfall". Nur wenn ein Behördenapparat „prinzipiell" rechtsstaatlich tätig wird derart, daß jeder damit rechnen kann (weil die Rechtsstaatlich-

---

[82] Roxin, Täterschaft, S.245.
[83] So Roxin, Täterschaft, S.246, 249.
[84] Roxin, Täterschaft, S.247.
[85] Roxin, Täterschaft, S.248.
[86] Roxin, Täterschaft, S.248.
[87] Roxin, Täterschaft, S.249.
[88] Hier kann auf dieses vielschichtige Phänomen nicht näher eingegangen werden. Eine gute Einführung und erste Informationen bietet Triffterer, ZfRV 1991, S.184-210.

keit Charakter und/oder Gewohnheit der Beamten geworden ist), bewegt
er sich wirklich in den Bahnen der Rechtsordnung: nun aber nicht als juristisches, sondern als soziales Phänomen. Roxin meint: „Wenn der Gesamt-
apparat sich in den Bahnen des Rechts bewegt, `funktioniert´ er in den For-
men der geschilderten Herrschaftsstruktur nur bei Benutzung der durch
die Rechtsordnung vorgezeichneten Wege. Ein rechtswidriges Ansinnen
kann hier die Organisation nicht in Bewegung setzen; wird es befolgt, so
handelt es sich nicht um eine Aktion des Machtapparates, sondern um eine
unter Umgehung seiner Funktionweise zustandekommende `Pri-
vatunternehmung´, deren Kennzeichen denn auch die sorgfältige Verheim-
lichung vor den übrigen Aufgabenträgern der Organisation zu sein pflegt.
In solchen Fällen wird also nicht mit dem Apparat, sondern gegen ihn gehandelt, so daß sie aus dem Bereiche möglicher Organisationsherrschaft
von vornherein ausscheiden"[89]. Auch dieses Argument ist m.E. nicht über-
zeugend. Wenn ein Vorgesetzter seinen Feind durch einen Untergebenen
mißhandeln läßt, indem er einen rechtswidrigen Befehl erteilt, ist er Täter:
weil er (nicht seine juristische, sondern) seine soziale Machtstellung im
Rahmen der Organisation – die die Behörde in sozialer Betrachtung darstellt! – ausnützt; was er auch dann tut, wenn der Ausführende voll delik-
tisch handelt. § 340 StGB verstellt das Problem, indem er neben das Begehen der Körperverletzung auch das „Begehenlassen" setzt; für § 343 StGB
muß freilich die rechtliche Lösung gleich sein: obwohl der Tatbestand
wörtlich nur z.B. ein „körperlich mißhandelt" vorsieht, muß Täterschaft
auch für den Vorgesetzten angenommen werden, der seine Machtposition
ausnützt und einen Untergebenen einschaltet. Freilich kann man diese
Konsequenzen bzw. das Problem selbst vermeiden, indem man von vornherein von „Pflichtdelikten" spricht und die Täterschaft mit anderen Kriterien als der Tatherrschaft zu erfassen sucht. Aber viel hilft dieser Weg
nicht ! Man braucht nur an die anderen sozialen Machtapparate zu denken,
wie sie sich im Leben der bürgerlichen Gesellschaft herausgebildet haben
und berechenbar bis automatisch funktionieren; etwa an Fabriken oder
auch nur an größere Betriebe. Hier muß m.E. trotz der Eingeordnetheit in
die Rechtsordnung ebenso Täterschaft des innerhalb dieser Organisationen
Mächtigen durch einen im wahren Sinne des Wortes „Untergebenen" in
Betracht kommen.

Im übrigen anerkennt Roxin selbst einen solchen Fall einer Täterschaft
aufgrund sozialer Herrschaft, den er allerdings unter einem anderen Titel
einordnet: nämlich durch ein rechtmäßig handelndes Werkzeug, also z.B.
den Richter, der aufgrund gefälschter Beweismittel ein prozeßrechtlich

---

[89] Roxin, Täterschaft, S.249.

richtiges freiheitsentziehendes Strafurteil fällt[90]. Darin soll nach Roxin eine
Form der Willensherrschaft kraft Irrtums liegen: denn der Richter „verfehlt
den konkreten Handlungssinn seines Verhaltens: er glaubt, ein gerechtes
Urteil zu fällen, während er in Wirklichkeit materiell falsch entscheidet und
insofern ein blindes Werkzeug in der Hand des Hintermannes ist, der durch
die gestaltend – sinnsetzende Überdetermination des Geschehens zum mittelbaren Täter wird"[91]. Dies mag für die Konzeption der 4. Stufe sinnhafter
Tatgestaltung im Jahre 1963 (noch) konsequent gewesen sein; für das an der
normativen Tatbestandlichkeit streng rückgebundene Verständnis (z.B. in
der Lange-FS 1976) ergeben sich Probleme (weshalb wohl Roxin in diesem
Beitrag auch nicht auf diese Konstellation eingeht). Vor allem kommt es
nicht auf einen Irrtum des Richters an: das Prozeßhandeln des Richters ist
als solches richtig, selbst wenn er subjektiv die Fälschung erkennt, also nicht
irrt: er darf – wenn die Fälschung nicht bewiesen werden kann ! – nur aufgrund der vorgelegten Beweismittel entscheiden! Nicht der Richter selbst,
also das richterliche Individuum, wird hier vom Hintermann als Werkzeug
eingesetzt; sondern der Richter als ein der StPO verpflichtetes Staatsorgan,
das „in den Bahnen des Rechts `funktioniert'"[92]. Das heißt: Der Hinter-
mann ist deshalb (möglicher) Täter, weil die Prozeßordnung – wie sie auch
tatsächlich eingehalten wird! – den Richter zu bestimmtem Verhalten
zwingt und weil auf diese Weise dessen berechenbarer Einsatz als Werkzeug ermöglicht wird. Der Grund für die Täterschaft des Hintermannes
liegt dann in seiner Stellung als Bürger eines wirklich gelebten Rechtsstaa-
tes, der vorherbestimmtes Staatshandeln in Bewegung setzen kann.

    6. Zusammengefaßt darf ich festhalten: die von Roxin entwickelten For-
men von Willensherrschaft stellen eigentlich nur die Formen der Zurechnung zur Tatbestandshandlung dar; und meinen deshalb „Handlungsherrschaft", in eben dem Sinne wie für den alle Tatbestandsmerkmale alleine
und eigenhändig verwirklichenden Täter. Nicht nur begeht der einen anderen als Werkzeug einsetzende Hintermann die Tat „durch" diesen anderen, hat also -in der Terminologie Roxins ! – die Tatherrschaft; sondern der
so durch einen anderen die Tat Begehende setzt die Tatbestandshandlung
selbst (eben durch ein Werkzeug; und somit: nicht durch einen „anderen").
Deshalb ist die Regelung des § 25 I StGB der Sache nach überflüssig: in den
Fällen, in denen jemand ein Werkzeug einsetzt, handelt er selbst i.S. des
dann verwirklichten Tatbestandes. Nur von einem vor-normativen, auf die
äußeren (unmittelbaren) Phänomene selbst abstellenden Handlungsbegriff
her kann man sagen: der Hintermann legt nicht unmittelbar eigene Hand

---

[90] Roxin, Täterschaft, S.230 f.
[91] Roxin, Täterschaft, S.231.
[92] Vgl. Roxin, Täterschaft, S.249.

an – „handelt" in diesem Sinne deshalb nicht ! –, sondern hat das Geschehen bloß mittelbar (vermittelt durch den eigentlichen Handanlegenden) in der Hand. So kann man von „unmittelbarem" und „mittelbarem" Täter sprechen und damit dieses phänomenologische (eigenhändige oder fremdhändige) Tätigwerden meinen. Nur müßte klar sein, daß damit ein Alltagsbegriff von „Täter" (i.S. von „Tätigwerden" oder „Tun") verwendet wird, der erst rechtlich aufgearbeitet und z.b. für Vorsatzdelikte und Fahrlässigkeitsdelikte, aber auch für Handlungs- und Unterlassungsdelikte differenziert werden müßte.

Es ist anzumerken, daß Roxin selbst auch die Sprechweise von „mittelbarer Täterschaft" problematisiert, ausdrücklich für den Fall des Einsatzes eines vorsatzlosen Werkzeuges, in dem man „geradezu eine ‚eigenhändige' Tatbestandsverwirklichung und eine ‚Handlungsherrschaft' ... annehmen (könnte)"[93]; implizit aber für alle Fälle der Willensherrschaft kraft Irrtums, wenn er davon spricht, daß der überlegene Hintermann „allein" das Tatgeschehen gestaltet[94]. M.E. muß dies aber auch für die anderen Fälle der Willensherrschaft ebenso gelten, da es stets nur um die Bestimmung des „Werkzeugs" geht.

Von daher ist freilich der Ansatz der Tatherrschaftslehre Roxins nicht unproblematisch: es gehe um „die Bestimmung des Täterbegriffs", dahingehend, daß „der Täter die Zentralgestalt des handlungsmäßigen Geschehens (ist)"[95]. Es geht aber eigentlich nicht um „Hauptfiguren" und „Nebenfiguren"[96], aber auch nicht um „das personale Aktionszentrum des Unrechts"[97]; es geht überhaupt nicht um „Täter und Teilnehmer", auch nicht – wie das StGB den 3. Titel bezeichnet ! – um „Täterschaft und Teilnahme". Sondern einziges Thema ist die Tatbestandshandlung des Besonderen Teils; aber auch diese nicht als Zentrum eines handlungsmäßigen Geschehens – was immer dies auch sein mag ! –, sondern als Differenzierung von „Handlung" und „Geschehen". Es geht also darum, welches Geschehen als Tatbestandshandlung aufzufassen ist (zugerechnet werden kann). Man kann nur sagen: Täter ist derjenige, der die Tatbestandshandlung setzt (freilich unter der Voraussetzung des Vorliegens aller übrigen tatbestandlich geforderten Merkmale) ! und Teilnehmer derjenige, der einen anderen – der die Tatbestandshandlung setzt ! – dazu vorsätzlich bestimmt bzw. ihm dabei Hilfe leistet. Das heißt: auch die Teilnehmer sind nicht als Personen oder Gestalten zu erfassen, sondern ebenso nur von Handlungen her, eben: Be-

[93] Roxin, Täterschaft, S.173.
[94] Vgl. Roxin, Täterschaft, S.232; auch Lange-FS, S.192.
[95] Roxin, Täterschaft, S.25.
[96] So Roxin, Täterschaft, S.26.
[97] Roxin, Täterschaft, S.329.

stimmen und Hilfeleisten. Diesbezüglich müssen auch sie Handlungsherrschaft haben[98], können sich dazu z.b. eines Werkzeuges bedienen. Der Gesetzgeber kann auch ein Hilfeleisten als Täterhandlung vorsehen; man
denke nur an § 259 StGB. Die Formulierung des § 340 StGB wurde schon
als weiteres Beispiel für mögliche gesetzliche Regelung genannt.

Die Tatbestandshandlung ist also der Grundbegriff; und diese kann nur
über eine normativ bezogene Handlungslehre begriffen werden. Deshalb
muß auch die Kennzeichnung der Tatherrschaftslehre als „primärer Täter-
begriff" ebenfalls auf sie bezogen werden, indem man festhält: darunter versteht man die Auffassung, die die Täterschaft auf die Tatbestandshandlung
bezieht; und genau diese Auffassung des „primären Täterbegriffes" vertritt
Roxin. Bereits in „Täterschaft und Tatherrschaft" (1963), dann auch in dem
grundlegenden Vortrag „Kriminalpolitik und Strafrechtssystem" (1970)
kann man lesen: „Der Täter ist ... schon ein Bestandteil der Tatbeschrei-
bung", was bedeute, „daß tatbestandsmäßig primär nur derjenige handelt,
der als Tatherr der Deliktsverwirklichung erscheint"[99]. Noch deutlicher
heißt es in dem Vortrag: „Dogmatisch geht es um ein Tatbestandsproblem,
nämlich um die Frage, inwieweit ein Verhalten noch unter die Deliktsbeschreibungen gebracht werden kann und damit täterschaftsbegründend
wirkt". „Bei den Handlungsdelikten ist Täter, wer die jeweilige Tatbestandshandlung beherrscht"[100]. Von diesen Formulierungen Roxins her ist
– so denke ich! – meine Interpretation der Tatherrschaft überhaupt (also in
allen Formen) als „Handlungsherrschaft" untermauert; und ebenso die Zu-
ordnung des Problems zur Alleintäterschaft. Auch dieser, ja gerade dieser
muß diese Handlungsherrschaft haben, muß – in der Terminologie Roxins
– Tatherr sein.

Um Mißverständnisse gleich im Ansatz zu beseitigen und notwendige
Abgrenzungen vorzunehmen, sei bemerkt: die Tatbestandshandlung, um
die es allein gehen kann, ist z.B. im Rahmen des § 212 StGB weder ein Töten[101] noch gar ein Setzen einer unerlaubten Lebensgefährdung bzw. eines
unerlaubten Todesrisikos, dem dann der Todeserfolg zugerechnet wird[102].

---

[98] So ausdrücklich Roxin, NStZ 1987, S.347.

[99] Roxin, Täterschaft, S.328.

[100] Roxin, Kriminalpolitik, S.21.

[101] Was auch gegen Roxins Ausführungen im Lehrbuch (vor allem § 11 "Die Zurechnung zum objektiven Tatbestand") gesagt werden muß, mit denen er vorsätzliches und
fahrlässiges Verhalten - also die Verhaltensweisen des § 212 StGB und des § 222 StGB -
auf einen gemeinsamen Nenner bringt. Dies ist m.E. bereits ein unhaltbarer Ansatz. Auf
die Konsequenzen (vor allem bezüglich der Lehre von der objektiven Zurechnung) ist
unten noch einzugehen!

[102] Wie es z.B. Frisch in seiner Mongraphie über "Tatbestandsmäßiges Verhalten und
Zurechnung des Erfolges" (1988) versucht. Diese Theorie verdient eine ausführlichere
und genauere Darstellung und Kritik, als es hier möglich wäre. Zur Stellungnahme Roxins vgl. Lehrbuch, § 11 Rn.42.

Denn den Tatbestand einer „Tötung" kennt das StGB nicht, sondern differenziert zwischen § 212 und § 222 als zwischen vorsätzlicher und fahrlässi-
ger Tötung, weshalb § 212 jedenfalls ein „vorsätzliches Töten" erfordert.
Nicht zielführend ist es – was hier freilich nur behauptet, nicht aber begründet werden kann! –, die Tatbestandshandlung unabhängig vom Todeserfolg bestimmen zu wollen, auch wenn normlogisch nur bestimmtes ri-
sikoreiches Verhalten (und nicht ein willentliches Töten selbst) verboten
werden könnte[103]: aber „Tatbestand" ist stets – wie wir seit Binding wissen!
– auf die Prüfung eines Geschehens durch die rechtsanwendenden Organe
bezogen und deshalb als Rechtssatz (und nicht als imperativische Rechtsnorm) zu verstehen[104]. Andernfalls schrumpft das gesamte Strafrecht zu einem System von einfachen Verhaltenspflichten –die letztlich auf dem Ver-
bot riskanten Verhaltens beruhen! –zusammen, das als solche dem Polizei-
recht angehört; nur die schwere Sanktion der Strafe wird von der Zurechnung bestimmter schwerer Schäden („Erfolge") abhängig gemacht. Aber
dies ist hier nur Behauptung, die meinen eigenen Ansatz klarstellen soll[105].
Nämlich: als eigentliche Tatbestandshandlung (und „Handlungsherrschaft" im normativen Sinne Roxins) kann für § 212 StGB nur das „vorsätzliche Töten" (oder – wenn man will –: die „vorsätzliche Tötungshandlung") in Betracht kommen. Die letztere Begrifflichkeit kann deutlich machen, daß hier ein Handlungsbegriff verwendet wird, der nicht für Unterlassungsdelikte und nicht für Fahrlässigkeitsdelikte paßt. Für die
„Begehung durch Unterlassung" – wie § 13 StGB formuliert! – liegt dies auf
der Hand; für die Fahrlässigkeitsdelikte macht die Fassung des § 222 StGB
– nicht: „tötet" (wie in § 212), sondern: „den Tod eines Menschen verur-
sacht" ! – klar, daß tatbestandlich nicht eine Tötungshandlung verlangt
wird, sondern ein (bloßes) Verhalten, das fahrlässig ist und da „durch" zum
Tode führt. Aber diese Dreiteilung der Strafrechtsdogmatik in Handlungs-,
Unterlassungs- und Verhaltensdelikte[106] ist hier nicht das Thema; relevant
ist nur der Bezug eines so eingeschränkten Handlungsbegriffes auf die
„Täterschaft als Tatherrschaft", nämlich dahingehend, daß „Handlungsherrschaft" notwendig (begrifflich) mit vorsätzlicher Verwirklichung des
Tatbestandes zusammenhängt; was der Sache nach auch Roxin tut, wenn er
die zweite Gestalt der Tatherrschaft als „Willensherrschaft" bezeichnet.

---

[103] Was so z.B. Frisch und andere Vertreter der Normentheorie behaupten. Warum
sollte aber der Gesetzgeber nicht verbieten können: niemand soll den Willen, einen anderen Menschen zu töten, verwirklichen (und sogar: zu verwirklichen versuchen) ?!
[104] Und gerade auf dieser Differenzierung von Rechtsnorm und Rechtssatz beruht im
übrigen die "Erfindung" der eigentlichen Strafrechtswissenschaft durch Beling. Vgl. dazu
Schild, JBl 1975, S.281-300.
[105] Vgl. dazu auch AK-Schild Vor § 13.
[106] Vgl. dazu AK-Schild Vor § 13 Rn.144 ff.,165 ff.

III.

Von daher ist die Themenstellung dieser Ausführungen gerechtfertigt; sie muß freilich auf die vorsätzliche Täterschaft eines Handlungsdeliktes beschränkt werden. Der Begriff der Tatherrschaft oder – wie er hier terminologisch gefaßt wird! – der „Handlungsherrschaft" muß unabhängig von der Konstellation des Zusammenwirkens mehrerer bestimmt werden. Der Alleintäter muß in diesem Sinne Tatherr sein, ihm muß die Handlungsherrschaft zukommen, weil er sonst überhaupt nicht tatbestandsmäßig handeln könnte! Es geht deshalb bei all den angestellten Überlegungen eigentlich nur um ihn.

1. Auch der mittelbare Täter ist nur als Alleintäter zu begreifen. Auch wenn er die Tat durch einen anderen Menschen begeht, setzt er diesen als sein Werkzeug ein und handelt deshalb durch ihn selbst; freilich nicht in einem phänomenologisch- unmittelbaren Sinne von Eigenhändigkeit oder eigenhändiger Ausführung. Aber er begeht die Tat selbst, nämlich selbst die Tatbestandshandlung. Das gesamte Geschehen ist ihm als Tatbestandshandlung zuzurechnen.

Deshalb ist die rechtliche Beurteilung des Ausführenden selbst völlig irrelevant (weshalb das Verantwortungs- und/oder Autonomieprinzip auch bei Roxin oben bereits zurückgewiesen werden mußte). Nur deshalb sind im übrigen auch die vier Stufen sinnhafter Tatgestaltung bei Roxins Willensherrschaft kraft Irrtums überhaupt möglich, wobei der Irrtum als solcher nur Bedingung der Möglichkeit, aber nicht das Entscheidende ist. Denn Ausgang ist die Handlung desjenigen, der das Geschehen in seinen Sinnbezügen am besten erkennt und gestaltet; und von ihm her – also von seinem Handeln her – wird überhaupt erst der Irrtum (das Nichtwissen) des Anderen offenbar. Rechtlich relevant wird dieser Irrtum aber als solcher nicht, sondern nur das Ausnutzen dieses überlegenen Wissens durch den Benutzer des Irrenden als seines Werkzeugs. Vom auf diese Weise den Irrenden als Werkzeug Einsetzenden her kommt die Tatbestandshandlung überhaupt erst in Sicht. Für den Dohna-Fall hat Roxin dies ausdrücklich klargestellt: wenn C dem Attentäter A statt des erwarteten B den D vor die Flinte bringt, ohne daß A dies erkennen würde, dann werde A als „blindes Werkzeug" tätig: „Wenn wir den toten D vor uns sehen und fragen, wessen Willenswerk das sei, so kommt nur der C als Gestalter dieses Erfolges in Betracht"[107]. Weshalb der C den D vorsätzlich getötet und er damit die Tatbestandshandlung des § 212 I StGB gesetzt hat. Und eigentlich hat den D auch nur der C getötet: denn der Schütze A hat im Rechtssinne nicht den

---

[107] Roxin, Täterschaft, S.214 f.

D, sondern nur einen Menschen getötet, auf den er gezielt hat, um ihn zu töten[108].

2. Die Formulierung Roxins in bezug auf den Dohna-Fall macht das eigentliche Problem der Handlungsherrschaft (in Roxins Terminologie: Tatherrschaft als Willensherrschaft) deutlich: es gehe um die Zurechnung als „Willenswerk"[109]; also um die Frage, ob ein Geschehen als Verwirklichung des Willens (normativ: des Vorsatzes) aufgefaßt werden kann, was nicht aufgrund einer bloßen Tatsachenfeststellung bestimmt werden kann, sondern einer Zurechnung bedarf. Diese Zurechnung erfolgt zum Willen (Vorsatz), bezieht das äußere Geschehen auf den Willen, der sich darin verwirklicht haben muß; weshalb das Äußere als Willenswerk und als Willenshandlung (vorsätzliche Handlung) und damit in der oben vorgestellten eingeschränkten Terminologie: als eigentliche Handlung (im Vollsinne des Begriffs) betrachtet werden kann. Die Zurechnung führt deshalb Äußeres (Objektives) und Inneres (Subjektives) zur Einheit der Tatbestandshandlung i.S. des Vorsatzdeliktes zusammen. In den Worten von Roxin: „Die Tatbestandshandlung (bildet) eine Einheit innerer und äußerer Faktoren"[110].

Deutlich wird in diesem Zitat (wie selbstverständlich in der gesamten Konzeption der „Willensherrschaft") die grundlegende Bedeutung des Willens für das Vorsatzdelikt; aber niemals als solcher (oder etwa gar als „Entscheidung"), sondern stets nur als Handlungswille bezogen auf die Verwirklichung im äußeren Geschehen. Die Tatherrschaftslehre Roxins bzw. die hier von mir als „Handlungsherrschaft" bezeichnete Auffassung ist keine subjektive Lehre[111], schon gar nicht eine Auffassung, die auf Motive des Täters (die die Willensbildung betreffen) abstellt wie manche ältere Entscheidungen des RG oder des BGH; aber auch ein Abstellen auf einen Tatherrschaftswillen (animus domini) wie in den neueren Entscheidungen[112] reicht nicht aus. Wesentlich ist die Verwirklichung dieses Willens im äußeren Geschehen (bis hin zum Schadenserfolg); und damit die Handlung. Die Tatherrschaftslehre ist eine Handlungslehre; weshalb sie ja auch hier als Konzeption einer „Handlungsherrschaft" interpretiert werden kann. Nicht ohne Grund gehört Welzel zu einem ihrer Begründer. Denn auch sein

---

[108] So auch Roxin, Täterschaft, S.215.

[109] Roxin, Täterschaft, S.215.

[110] Roxin, Lehrbuch, § 10 Rn.53.

[111] Dies ist auch gegen die Einschätzung meines für die österreichische Einheitstäterregelung geschriebene Konzeption in ZfRV 1976, S.182 - 205, festzuhalten, also gegen Bloy, Schmitt-FS, 1992, S.33 ff. (S.44 Fn.64), Schmoller, ÖJZ 1983, S. 337 ff., 379 ff. (hier: 340, 342) und Triffterer, Die österreichische Beteiligungslehre, 1983, S.36, 42.

[112] Z.B. BGH NStZ 1982, S.243; 1987, S.364; NJW 1987, S.2881; NStZ 1988, S.406; 1990, S.80, 130; 1991, S.91; 1992, S.359.

Begriff der „Finalität" meinte nicht nur den Vorsatz als den steuernden Willen, sondern immer das durch diesen Willen gesteuerte äußere Geschehen, eben die finale Handlungslehre als ganze[113]. Noch bezeichnender ist die Berufung Roxins auf Adolf Lobe, der noch vor Welzel – nämlich im Jahre 1933 – den Tatherrschaftsgedanken in der „ersten vollgültig ausgeprägten Formulierung" erkannt habe[114]. Und Lobe kennzeichnete seine Theorie als „subjektiv-objektiv", weil zunächst nach dem Willen gefragt werden müsse und erst dann danach, ob dieser Wille sich in dem äußeren Geschehen auch verwirklicht habe, was dann gegeben sei, wenn der Wille die seiner Verwirklichung dienende Ausführung beherrscht und gelenkt habe[115]. Lobe stellt also das subjektive (in der Bedeutung: täterinnere) Merkmal voran und bezieht die objektiven (in der Bedeutung: äußeren) Merkmale auf diesen Willen. – Im übrigen soll nicht weiter untersucht werden, ob wirklich Lobe der Begründer der Tatherrschaftslehre war; oder ob nicht – wie ich glaube! – es die Hegelianer des 19.Jahrhunderts waren, also Köstlin, Abegg, Berner[116], Hälschner.

Man kann jedenfalls sagen: jede Tatbestandshandlungsherrschaft –wie sie oben dargestellt wurde! – ist eigentlich eine Willensherrschaft. Nur dann kann das äußere Geschehen als „Willenswerk" bestimmt werden. Auch die von Roxin „Handlungsherrschaft" genannte Form[117] setzt ausdrücklich eine vorsätzliche Tatbestandsverwirklichung voraus[118]; und damit auch einen Willen, der sich in der Steuerung des Geschehens verwirklicht[119]. Damit läßt sich auch für diese Form der Tatherrschaft zwanglos formulieren: das Geschehen wird von diesem Willen beherrscht !

Von daher ist die Charakterisierung der Tatherrschaftslehre als eine „materiell-objektive" Lehre[120] nicht unproblematisch. Zwar ist sie eine Handlungslehre (und keine Willenslehre), also zumindest keine subjektive (täterbezogene) Theorie[121]. Auch stellt sie auf die Tat bzw. Tatbestandshandlung ab und hat deshalb eine „objektive" Grundlage[122]. Aber die Vieldeu-

---

[113] Vgl. dazu Schild, Merkmale, S.14; AK-Schild Vor § 13 Rn.18 ff.

[114] Roxin, Täterschaft, S.65.

[115] Vgl. Lobe, Einführung in den Allgemeinen Teil des Strafgesetzbuches, 1933, S.123 f.

[116] Zu ihm vgl. Schild, Die systematische Strafrechtslehre von Albert Friedrich Berner, Nachwort in: Berner, Lehrbuch des deutschen Strafrechtes, 18.Aufl. 1898, Nachdruck 1986/87, S.754 ff.

[117] Roxin, Täterschaft, S.127 ff.

[118] Vgl. Roxin, Täterschaft, S. 130.

[119] So Roxin, Täterschaft, S.133.

[120] So LK-Roxin § 25 Rn.26.

[121] Vgl. Roxin, Täterschaft, S.317, 331.

[122] Vgl. Roxin, Täterschaft, S.330, auch 130 f.; Lange-FS, S.194 f.

tigkeit von „objektiv" bzw. „subjektiv"[123] kann leicht zu Mißverständnissen führen, weshalb Roxin selbst diese Bezeichnung als „materiell-objektiv" für fragwürdig hält. Denn das Objektive (in der Bedeutung: Äußere) der Tatherrschaft bzw. Handlungsherrschaft kann nur zusammen mit dem Subjektiven (in der Bedeutung: Täterinnerem) gedacht werden. „Die Tatherrschaftslehre mißt also objektiven wie subjektiven Faktoren ... gleichrangige Bedeutung zu"[124]. Noch mehr: eine Zweiteilung in objektive und subjektive Elemente ist für Roxin nicht durchführbar, da deren Einheit „dialektisch"[125] und „konkret"[126] sei: man könne von „Herrschaft" nur reden, wenn auch die Kenntnis des Betreffenden von den „herrschaftsbegründenden Umständen" gegeben sei[127]; würde man von diesem Wissen absehen, ließe sich auch objektiv nichts mehr auffinden, was als „Tatherrschaft" geprüft werden könnte[128]. Das „herrschaftsbegründende Wissen" sei untrennbarer Bestandteil der Herrschaft selbst[129]. Deshalb – so Roxin ausdrücklich! – gibt es weder eine in diesem Sinne nur objektive noch eine nur subjektive Tatherrschaft[130].

Freilich entsteht die weitere Aufgabe, bei dieser dialektisch-konkreten Einheit nicht stehen zu bleiben, sondern das, was hier „zusammengewachsen" (von: „concrescere") ist und eine „Synthese" darstellt, auseinander zu legen und für die Fallprüfung – für welchen Zweck ja der Straftatbegriff auszugestalten ist[131]! – in eine Ordnung von Fallprüfungsschritten zu bringen. Dafür stellt Roxin ausdrücklich klar, daß eine „bloße Zweiteilung in objektive und subjektive Elemente" nicht zielführend sein kann: eben weil es nur um diese Auseinanderlegung der dialektischen Einheit geht[132].

3. Nach dem Gesagten stellt sich diese Aufgabe der Entfaltung der subjektiv-objektiven Momente bereits für den Alleintäter; und es wurde auch schon aufgezeigt, daß es bei dieser Bestimmung der Tatbestandshandlung um Zurechnung geht. Diese Kennzeichnung bedarf einiger eher klarstellender (als hier wirklich begründender) Bemerkungen[133].

---

[123] Dazu vgl. Schild, "Objektiv" und "subjektiv" in der strafrechtswissenschaftlichen Terminologie, in: Ius humanitatis. A. Verdross-FS, 1980, S.215 -234.
[124] LK-Roxin § 25 Rn.27.
[125] So Roxin, Täterschaft, S.330.
[126] So Roxin, Täterschaft, S.535.
[127] Roxin, Täterschaft, S.316, 330.
[128] Roxin, Täterschaft, S.331.
[129] Roxin, Täterschaft, S.316.
[130] Roxin, Täterschaft, S.331.
[131] Dazu vgl. Schild, Merkmale, S.46 ff.; AK-Schild Vor § 13 Rn.150 ff.
[132] Roxin, Täterschaft, S.330.
[133] Dazu vgl. Schild, Der Strafrichter in der Hauptverhandlung, 1983, S.58 ff., 73 ff.; AK-Schild §§ 20, 21 Rn.65 ff.

Zunächst macht der Begriff „Zurechnung" deutlich, daß es nicht um Tatsachenfeststellung (z.B. irgendeines inneren Faktums „Wille") geht. Wille
und Handlung sind keine natürlichen Phänomene, die unmittelbar wahrgenommen werden könnten. Sie sind normative Phänomene insoferne, als
sie immer auch ein Moment des Setzens an sich haben. Doch hat dies nicht
zur Konsequenz, daß Wille und Handlung nun juristische Begriffe wären,
also Produkte gesetzgeberischen oder zumindest rechtsdogmatischen Den-
kens und Wertens. In der letzten Dimension freilich sind alle Begriffe in einem juristischen Zusammenhang juristische: aber da dies für alle gilt, folgt
für den einzelnen Begriff eben daraus nichts; vor allem nicht, was denn nun
„juristischer Wille" oder „juristische Handlung" bedeuten sollen. Es bedarf
somit eines Substrats, das vor-juristisch ist und dann juristisch profiliert,
verbogen, vielleicht umgebaut werden kann und auch wird. Das heißt: es
bedarf eben eines Willens oder einer Handlung, die dem Recht als juristischem System vorgegeben sind, vom Juristischen aufgenommen und so spezifisch juristisch umgeformt werden. Das Normative dieses vor-juristischen Substrates kann dann nicht im Juristischen liegen, sondern in den sozialen Prozessen, an die die Juristen in Gesetzgebung, Rechtsprechung und
Wissenschaft anschließen und die sie lenken oder verändern wollen.

So schiebt sich zwischen natürlichem Sein (Tatsachen) und juristischem
Tatbestand die Dimension der sozialen Welt (der sozialen Umstände) ein,
die normativ gebildet und gelebt wird/werden. „Wille" und „Handlung"
sind Phänomene der alltäglichen Verantwortungssituationen[134], in denen
Menschen zur Rede gestellt werden, weil sie etwas „verbrochen" haben.
„Das habe ich nicht gewollt!" kennen wir alle aus dem sozialen Leben; und
ebenso den Unterschied von Willenshandlung und bloßem Verhalten, auch
gegenüber Zufall/ Pech/ Schicksal. Und die Juristen würden auf die Probleme überhaupt nicht zu sprechen kommen (können), wenn es sie nicht
bereits in der Alltagssprache gäbe. Noch schärfer: der Jurist würde nichts
Juristisches zustande bringen, wenn es nicht immer schon eine gelebte
Rechtlichkeit (d.h.: gerechte Menschen in ihren sozialen Bezügen und Verhältnissen) gäbe, ein „lebendiges Recht" (in einem außer-juristischen
Sinne[135]); doch haben wir leider diese vor-juristische Rechtsdimension – die
Voraussetzung dafür ist, daß juristische Machtsprüche in Gesetz, Urteil
und wissenschaftlicher These überhaupt rechtlich (positives Recht) sein

---

[134] Vgl. dazu Schild, JZ 1980, S.597 - 603; Ders., Entschuldigungen und Rechtferti-
gungen im Alltag, in: Bryde/ Hoffmann-Riem (Hrsg.), Rechtsproduktion und Rechtsbe-
wußtsein, 1988, S.195-200; AK-Schild Vor § 13 Rn.60 ff.
[135] Vgl. AK-Schild Vor § 13 Rn.60 ff., wo in Nachfolge von Bruno Liebrucks dieser
vorjuristische Begriff des Rechtlichen als RECHT geschrieben ist. In der Philosophie des
Deutschen Idealismus (vor allem Hegels) verwendete man den Begriff der "Sittlichkeit".

können, zumindest daran gemessen werden können! – völlig aus den Augen verloren[136], damit auch aus der Begrifflichkeit, da auch der von Hegel für diese Dimension gebrauchte Begriff „Sittlichkeit" sich nicht durchgesetzt hat. Was selbstverständlich an der Notwendigkeit dieser Differenzierung und der gegenseitigen Vermittlung von sozialer Rechtlichkeit und juristisch-positivem Recht nichts zu ändern vermag! Freilich fehlt den sozialen Verhältnissen bzw. Normen und Wertungen die Einheitlichkeit, auch die Genauigkeit in der Unterscheidung, usw. Deshalb muß der Jurist Ordnung und Sicherheit in diese soziale Begrifflichkeit hineinbringen; was aber nicht bedeutet: neue Begriffe konstruieren (erfinden).

So ist der Begriff „Vorsatz" zumindest im geltenden positiven Strafrecht (also im StGB) kein juristisches Konstrukt (was sich schon darin zeigt, daß der Gesetzgeber keine Definition gegeben hat). Offensichtlich hängt Vorsatz mit „Vor-Setzen", „Vor-Nehmen" zusammen und meint wohl im wesentlichen das, was Welzel mit „Zwecksetzung" umschrieben hat. Was die finale Handlungslehre übersehen hat, war die soziale Dimension dieses Phänomens. Nicht nur die Motivation (Willensbildung) setzt das Immerschon-Stehen in sozialem Sinn (etwa der Sprache) voraus; sondern die diesen Vor-Satz verwirklichende (ausführende) Tätigkeit ist nur für sozialnormative Sichtweise – also nur in der vor-juristischen Rechtsdimension! – existent. „Vorsatz" gibt es so wenig wie „Wille" als natürliche Gegenstände; sie beruhen auf sozialer Zuschreibung, die wir im Alltagsleben ohne weitere Probleme im Positiven (z.B. Siege im Sportbereich) wie im Negativen vornehmen. Oft erkennen wir erst im Nachhinein, daß wir ein bestimmtes Ereignis nicht gewollt haben; denn im gewöhnlichen Alltag stehen wir nur äußerst selten vor wirklichen Willensentscheidungen, viel häufiger werden wir aus Gewohnheit oder zumindest ohne genauere Überlegung tätig. Der Jurist – vor allem als Strafrichter! – wird ohnehin immer erst im Nachhinein tätig und fragt nach Vergangenheit[137], indem er den „Willen" als Vorsatz positiv umschreibt und eine Antwort fordert. Schon die Antwort durch den so zur Rede Gestellten ist eine Zuschreibung, in der dieser sich selbst seine Vergangenheit gibt[138]. Umso mehr ist dann die Annahme des Vorsatzes durch den Richter „Zurechnung" (wie man die juristisch geordnete und kontrollierte Zuschreibung nennen könnte und nennt[139]).

---

[136] Angemerkt darf nur werden, daß z.B. ein Autor wie Günther Jakobs einen Handlungsbegriff sucht, der "Gesellschaft und Strafrecht auf den Begriff bringen" soll (Der strafrechtliche Handlungsbegriff, 1992, S.12.)

[137] Dazu vgl. Schild, Strafrichter, S.58 ff.

[138] Vgl. Schild, Strafrichter, S. 60 ff. - Zum Problem im Falle der affektiven Tötung des Intimpartners, s. Schild, JA 1991, S. 48-56.

[139] Zu dieser terminologischen Differenz vgl. AK-Schild §§ 20,21 Rn.65.

So ist m.E. die wesentliche Vergleichbarkeit von „Wille" und „Vorsatz" zugrunde zu legen. Es besteht kein Anlaß, wegen der Nichtfeststellbarkeit des Willens – im Sinne einer Tatsachenfeststellung – den juristischen Vorsatz nun nur mehr mit dem intellektuellen Merkmal des Wissens zu bestimmen[140]; denn letztlich ist auch dieses Wissen nicht feststellbar, sondern Zuschreibung/ Zurechnung, in die sicherlich stets auch das voluntative Merkmal einfließt (vor allem, wenn es um die notwendigen Abstufungen innerhalb des Wissens geht). Zu fragen ist freilich, ob beide Merkmale zum Straftatmerkmal „Unrecht" gehören; aber dies ist hier nicht das Thema.– Darüber hinaus ist zu bedenken, daß die hier behauptete wesentliche Vergleichbarkeit von „Wille" und „Vorsatz" und – was m.E. daraus folgt! – von „Willenshandlung" und „vorsätzlicher Tatbestandshandlung" nicht das letzte Wort im Juristischen sein kann. Es bleibt die Differenz von sozial gelebter Rechtlichkeit und spezifisch Juristischem bestehen. So wie der Gesetzgeber kraft seiner Definitionsmacht neue Begriffe erfinden kann: so können sich über die Begriffe „Vorsatz"/ „vorsätzliche Tatbestandshandlung" hinaus u.U. Probleme ergeben, die aus dem Spezifischen des gesetzlichen Tatbestandes folgen. § 212 I StGB sieht sprachlich/sozial eine „vorsätzliche Tötungshandlung" vor; juristisch meint er – wie die Überschrift zeigt! – die „Totschlagshandlung", die auch für die Sprache des sozialen Lebens einen viel schwereren Unwert zum Ausdruck bringt, was für die Bestimmung der Tatbestandshandlung des § 212 StGB relevant werden kann.

Vor allem ist juristisch der Tatherr sicherlich nur derjenige, den das Gesetz letztendlich zur Verantwortung zieht. Ein Schuldunfähiger z.B. kann für das gesetzliche Strafrecht niemals „Herr" des Geschehens sein. Dies klingt auch bei Roxin an, wenn er schreibt: „Die Willensherrschaft (setzt) einen personalen und rechtlich zu verantwortenden Tatentschluß voraus"[141], weshalb ein Schuldunfähiger oder ein i.S. des § 35 I StGB Genötigter nur Handlungsherrschaft, aber keine Willensherrschaft haben könnten[142]. Ich denke: auch bereits die „Handlungsherrschaft" kann das gesetzliche Strafrecht in diesen Fällen nicht zurechnen; und gerade auch nicht für Roxin, wenn er die „Handlung" als „personal zurechenbares Verhalten" bestimmen will[143]. Doch kann m.E. die juristische Dogmatik für ihren Straftatbegriff selbst eine abstrakt(er)e Taterrschaftslehre bzw. einen abstrakte(re)n Handlungsbegriff erarbeiten und verwenden; abstrakt darin, daß von der Dimension der Schuldhaftigkeit der Tat abgesehen wird. Hier geht es doch um Schuldunfähigkeit oder um unvermeidbares Fehlen der

---

[140] So z.B. Jakobs, Strafrecht. Allgemeiner Teil, 2.Aufl. 1991, 8/ 5 ff.
[141] Roxin, Täterschaft, S.235.
[142] Roxin, Täterschaft, S.235, auch S.143.
[143] So vor allem Roxin, Radbruch-GedS, 1968, S.260 - 267 (262).

Unrechtseinsicht oder um bestimmte Motivationssituationen, die die Freiheit und Rechtlichkeit der Willensbildung beschränken (können); dabei wird die Tat stets auf den Täter hin gedacht, der sie zu verantworten hat oder nicht. Bei der hier interessierenden Frage aber geht es primär um die Tatbestandshandlung der Vorsatzdelikte, also um die Verwirklichung des Willens in der Tat selbst. Auch Roxin kommt zu diesem Ergebnis: der dogmatische „Sitz" der Tatherrschaftslehre sei das Unrecht. „Die Täterschaft ist ... die den Deliktsbeschreibungen entsprechende Form tatbestandlichen Unrechts, an die sich kraft der Sondernormen der [§§ 26,27 StGB] die Anstiftung und Beihilfe straferweiternd anschließen, An dieser Stelle muß sie im Verbrechensaufbau und bei der Fallprüfung ihren Platz finden, und zwar nach Erörterung der sonstigen objektiven und subjektiven Voraussetzungen des Unrechtstatbestandes"[144], wobei zu diesem auch der Vorsatz gehöre[145]. Auf das nähere „Bild der Unrechtslehre", das Roxin dann[146] darstellt, ist hier nicht einzugehen, weil Roxin dabei noch die Lehre vom Gesamtunrechtstatbestand zugrunde legte. Anzumerken ist aber, daß die „objektiv täterschaftsbegründenden Umstände" und die „Kenntnis dieser Umstände" gesondert und erst nach dem äußeren Tatbestand und dem Vorsatz geprüft werden sollen. Äußerer und innerer Tatbestand bilden nur „die 'objektive' Grundlage", auf der die Frage nach der Tatherrschaft erst gestellt werden kann[147]. Darauf wird noch einzugehen sein!

So kann die Zurechnung zur Tatherrschaft bzw. – in der hier verwendeten Terminologie – zur „Handlungsherrschaft" abstrakt gehalten werden. Das heißt: sie betrifft nicht die Zurechnung der Tat zum Täter als dem Subjekt – der sie möglicherweise zu verantworten hat –, sondern die Zurechnung als Tat (hier: als vorsätzliche Tatbestandshandlung) selbst und alleine. Man kann daher im Gegensatz zur „subjektiven Zurechnung" (zum Tätersubjekt) hier von „objektiver Zurechnung" sprechen; oder besser –weil jede juristische Begrifflichkeit „objektiv" ist im Sinne von „allgemeingültig" oder „neutral" ! – von einer „Zurechnung eines Objektiven": weil es nur um die Tat geht. Allerdings kann dies nicht die „Zurechnung des Erfolges zur bloß äußeren Tat" meinen, wie diese objektive Zurechnung heute in der Strafrechtsdogmatik im Regelfall[148] verstanden wird. Thematisiert ist die zurechnende Feststellung der vorsätzlichen Tatbestandshandlung, die – wie wir gehört haben! – aus äußeren und täterinneren Merkmalen besteht. Sie ist unter Berücksichtigung der Vieldeutigkeit der Be-

---

144 Roxin, Täterschaft, S.329.
145 Roxin, Täterschaft, S.331 f.
146 Vgl. Roxin, Täterschaft, S.329.
147 Roxin, Täterschaft, S.330.
148 Vgl. Jescheck, Lehrbuch, § 28 III.IV.

griffe[149] somit eine „(objektive) Zurechnung von objektiven und subjektiven Merkmalen als Einheit eines Objektiven". Oder kurz: sie ist die Zurechnung eines Geschehens als vorsätzliche Tatbestandshandlung.

Als dieses Objektive ist die Tat (also die vorsätzliche Tatbestandshandlung) die Einheit von äußeren und täterinneren Merkmalen. Ich
darf Roxin wiederholen: „Dabei ist zu beachten, daß (die äußeren herrschaftsbegründenden Voraussetzungen und ihre subjektive Kenntnis) nur
eine auseinandergelegte dialektische Einheit bilden. Fällt etwa die Kenntis
fort, so kann man auch von einer `objektiven´ Tatherrschaft nicht mehr
sprechen"[150]. Dies hat eine zwingende Konsequenz: für das Vorsatzdelikt
hat es keinen Sinn, die „objektive Zurechnung des Erfolges zur äußeren
Tat" aufzunehmen, da das Äußere ohnehin nur in seinem Bezug zum Vorsatz betrachtet werden kann. In den Worten des obigen Roxin-Zitats: ohne
die Einbeziehung der „Kenntnis" kann man nicht einmal von „objektiver"
Herrschaft sprechen.

Das Ergebnis als solches dürfte m.E. auch unstrittig sein. Wenn A dem
X eine Ohrfeige gibt und X stürzt wegen eines „Papierschädels" tot zu Bo-
den, kann – so die herrschende Lehre von der „objektiven Zurechnung" –
dieser Schaden mangels Vorhersehbarkeit objektiv nicht zu einer Tötungs-
tat zugerechnet werden[151]; wenn aber A diese abnorme Leibesbeschaffen-
heit des X kennt und ihn deshalb mit einer Ohrfeige töten will (was ihm
auch gelingt), dann hat er selbstverständlich X vorsätzlich getötet. Alles,
was Roxin über „Willensherrschaft" geschrieben hat, paßt doch eindeutig
für diese Handlung des A ! Die Frage nach Vorhersehbarkeit ist müßig,
wenn der Handelnde vorhergesehen hat. Sein Sonderwissen, das er für seine
Willensverwirklichung auch verwertet hat, macht ihn zum Tatherrn. Deshalb muß bereits die herrschende Lehre von der „objektiven Zurechnung"
vom Sonderwissen des Täters ausgehen[152] und verläßt damit unbestreitbar
ihren Sitz in der Prüfung des äußeren Tatbestandes. Der Rettungsversuch
Roxins, trotzdem den Begriff „objektive" Zurechnung zu belassen, da das
Zurechnungsergebnis – das unter Berücksichtigung des Sonderwissens des
Täters erzielt worden ist! – etwas Objektives sei (z.B. Feststellung einer Tötung), das von der vorsätzlichen Tötung zu unterscheiden sei[153], gelingt
m.E. nicht.

Roxin hat die Lehre von der Zurechnung – die er im übrigen nach seiner
Arbeit über „Täterschaft und Tatherrschaft" entwickelt hat! – in eine enge

---

[149] Vgl. Schild, Verdross-FS, S.215 ff.
[150] Roxin, Täterschaft, S.330.
[151] Vgl. Jescheck, Lehrbuch, § 28 IV.6.
[152] So z.B. Jescheck, Lehrbuch, § 28 IV.3.
[153] So Roxin, Armin Kaufmann-GedS, 1989, S.237 - 251 (250).

Verbindung mit dem „Risikoprinzip" gebracht. In dem grundlegenden Beitrag zur FS-Honig (1970) will er das von dem Geehrten aufgestellte Kriterium „Beherrschbarkeit durch den menschlichen Willen" ausdrücklich ersetzen durch das Kriterium, ob der Betreffende „ein rechtlich relevantes Risiko tatbestandlicher Rechtsgüterverletzung schuf oder nicht"[154]. Daraus leitet er vier unterschiedliche Zurechnungstopoi ab: Zurechnung nur bei Schaffung eines rechtlich unerlaubten Risikos und bei Steigerung eines erlaubten Risikos ins rechtlich Unerlaubte, keine Zurechnung bei Risikoverringerung und Risikoabnahme[155]. Zu fragen ist auch hier, ob diese Zurechnungstopoi sich verändern, je nachdem ob der Täter vorsätzlich tätig wird oder nicht.

Für das als Erstes genannte Kriterium behauptet Roxin ausdrücklich: „Wer sich im Rahmen des erlaubten Risikos hält, hat auch dann keine finale Tötungshandlung begangen, wenn er die eingetretene Verwirklichung des Risikos erstrebt hatte"[156]. Als Beispiel nennt Roxin die Empfehlung einer Flugreise, die wunschgemäß zum Absturz des Flugzeuges und zum Tod des Erbonkels führt, oder den Unfall des PKW, mit dem ein Verletzter ins Krankenhaus gefahren werden soll, der dabei den Tod findet[157], oder den Brand im Krankenhaus, bei dem ein Unfallopfer ums Leben kommt[158]. Roxin anerkennt auch hier das Sonderwissen des Täters: weiß der Neffe etwa von einem geplanten Bombenanschlag auf das Flugzeug, ist der Tod zuzurechnen[159]; Vergleichbares muß gelten, wenn der Täter die mangelhafte Fahrtauglichkeit des PKW kennt oder von einem Brandanschlag auf das Krankenhaus weiß. Zur Begründung stellt Roxin auf eine „objektiv-nachträgliche Prognose" ab, d.h. auf die Prognose des Richters, der sich im nachhinein auf den Standpunkt eines vor der Tat urteilenden, objektiven Beobachters versetzt[160]; doch sei diese Bezeichnung schlecht, weil die Prognose wegen der Einbeziehung des Sonderwissens des individuellen Täters „nicht rein objektiv, sondern täterbezogen" sei[161]. Ich denke, daß diese Argumentation nicht das eigentliche Problem trifft, das in dem Beitrag 1970 noch ausdrücklich als Problem des erlaubten Risikos formuliert war. Deshalb lautet m.E. die eigentliche Frage schon eher: ist es rechtlich erlaubt, jemanden zu einer Flugreise zu bewegen, deren konkrete Lebensgefährlichkeit bekannt ist ? Aber auch dies betrifft noch nicht den Kran-

---

[154] Roxin, Grundlagenprobleme, S.126.
[155] Vgl. Roxin, Grundlagenprobleme, S.126 ff.
[156] Roxin, Grundlagenprobleme, S.143.
[157] Roxin, Grundlagenprobleme, S.128.
[158] Roxin, Kaufmann-GedS, S.238.
[159] Roxin, Lehrbuch, § 11 Rn.32, 46.
[160] Roxin, Lehrbuch, § 11 Rn.32.
[161] Roxin, Lehrbuch, § 11 Rn.32 Fn.53.

kenhausfall. Hier muß die Frage m.E. lauten: darf man jemanden dadurch töten (wollen), daß man ihn in ein Krankenhaus bringen läßt, das abends angezündet werden wird? Die Antwort kann nur das Unerlaubte festhalten; und zwar deshalb, weil es dann überhaupt nicht um einen Krankenhausaufenthalt (oder um eine Flugreise oder eine Autofahrt) geht – die in der Tat sozial erlaubt wären (sogar im Bereiche der Sozialadäquanz liegen würden)! –, sondern um eine vorsätzliche Tötungshandlung. Der Täter will sein Opfer töten und verwirklicht auch diesen Willen in der Realität; er hat Willensherrschaft über das Geschehen und deshalb – in meiner Terminologie – Handlungsherrschaft. Es liegt eine vorsätzliche Tötungshandlung vor! Für eine „objektive Zurechnung" im angegebenen Sinne ist hier kein Platz. – Noch klarer wird dies im zweiten Zurechnungskriterium (der Steigerung des erlaubten Risikos ins Unerlaubte), das Roxin am bekannten Radfahrerfall (BGHSt 11,1 ff.) illustriert. Machen wir auch hier die Vorsatzprobe: der LKW-Fahrer A überholt deshalb einen Radfahrer X in zu schmalen Seitenabstand, um ihn zum Torkeln, zum Sturz und so unter die Hinterräder seines Wagens zu bringen, was auch geschieht; der Sachverständige kann aber nicht ausschließen, daß X wegen seiner Betrunkenheit auch bei Überholen im ausreichendem Seitenabstand vergleichbar gefallen wäre. Selbstverständlich hat A hier den X vorsätzlich getötet! Das Interessante dabei ist, daß sich die Frage nach dem erlaubten Risiko von vornherein gar nicht stellt. Denn zwar verlangt § 5 IV StVO, daß beim Überholen insbesondere von Radfahrern ein „ausreichender Seitenabstand" eingehalten werden muß und daß der Überholte nicht behindert werden darf. Doch liegt darin nur eine Konkretisierung der Generalklausel des § 1 II StVO: „Jeder Verkehrsteilnehmer hat sich so zu verhalten, daß kein Anderer geschädigt, gefährdet oder mehr, als nach den Umständen unvermeidbar, behindert oder belästigt wird". Daraus folgt aber m.E. zwingend, daß ein Überholvorgang mit Tötungswillen stets die Grenze des erlaubten Risikos überschritten hat. Wer einen anderen Verkehrsteilnehmer töten will, handelt notwendig außerhalb des Risikos, wie es die StVO zuläßt. Noch mehr: so wie A seine Aktivität gesteuert und das Geschehen gelenkt hat, liegt überhaupt kein Überholvorgang vor, sondern eine vorsätzliche Tötungshandlung[162], für die von vornherein die StVO keine Regelung enthält. Also erhält auch hier die Lehre von der „objektiven Zurechnung" keinen Anwendungsbereich im Rahmen des Vorsatzdeliktes. – Für das dritte Zurechnungskriterium („Risikoabnahme") hält Roxin selbst den (möglichen) Unterschied von Fahrlässigkeits- und Vorsatzdelikt fest: wenn der Vater Y des von A im Straßenverkehr überfahrenen X bei der Schreckensnachricht an einem Herzinfarkt stirbt, so entfalle die Zurechnung dieses „Folgeschadens" zum fahrlässigen Verhalten des A; aber: „Der `Schutzbereich der Norm´ ... könnte bei vorsätzlichen und bei fahrlässigen Taten sehr wohl unterschiedlich bestimmt werden: Wenn etwa ... jemand einen alten und herzkranken Vater absichtlich dadurch ins Grab bringen will, daß er dessen einzigen Sohn ermordet,... dann ließe sich, wenn der Plan gelingt, die Annahme einer vorsätzlichen Tötung durchaus vertreten"[163]. Roxin verweist in diesem Zusammenhang sogar auf den „normativen Handlungsbegriff", der für dieses Problem fruchtbar gemacht werden könnte[164]: völlig zu recht, da es auch hier um die Handlungsherrschaft als Zurechnung eines Geschehens (das hier zum Tod des Y führt) als vorsätzliche Tötungshandlung geht. Für eine „objektive Zurechnung" ist also auch hier kein Platz; sondern die eigentliche Frage stellt sich über diese Zurechnung hinaus für oben erwähnte spezifisch juristische Dimension, nämlich für die Interpretation des § 212 I StGB: will der Strafgesetzgeber auch diese vorsätzliche Tötungshandlung als Tatbestandshandlung ansehen ? Es spricht nichts für ein negatives Ergebnis. - Doch wird diese Differenz von Zurechnung als z.B. vorsätzliche Tötungshandlung und spezifisch juristischer Tatbestandsinterpretation des § 212 I StGB augenfällig für das vierte Zurechnungskriterium, das Roxin als „Risikoverringerung" bezeichnet. Auch hier soll sofort der von Armin Kaufmann gebildete Vorsatzfall[165] genannt werden: A geht hinter X auf einem schmalen Weg, als er von der Bergwand einen Fels herunterrollen sieht, der X auf den Kopf treffen und töten wird. Er könnte X durch einen kräftigen Stoß aus der Gefahrensituation bringen; doch gönnt er ihm einen Denkzettel: so schiebt er X nur ein Stück nach vorne, soweit, daß der Fels (nur) die Schulter trifft und diese – wie von A gewollt! – schwer verletzt. Kaufmann läßt die Lösung offen; Roxin möchte auch in diesem Vorsatzfall die objektive Zurechnung des Körperverletzungsschadens ausschließen[166]. Ich meine, daß die Verletzung des X

---

[162] Diese Argumentation ist herrschende Auffassung z.B. bezüglich des Merkmals "Unfall" im § 142 StGB oder bezüglich des Merkmals "einen ähnlichen, ebenso gefährlichen Eingriff" in den Straßenverkehr im § 315b StGB. - Anders ist m.E. der Fall zu beurteilen, den Armin Kaufmann (Jescheck-FS, 1985, S.265 f.) gebildet hat: A hat für seine alkoholsüchtige Frau X eine Flasche vergifteten Schnaps im Wochenendhaus bereitgestellt. Nun setzt er sie in den dorthin fahrenden Bus, um sie für ewig loszuwerden. Hält A sich damit im Bereich des erlaubten Risikos ? wird das Risiko des Busfahrens nicht rechtlich akzeptiert ? Armin Kaufmann meint, daß die Frage bereits falsch gestellt sei: A will seine Frau doch nicht mit dem Bus fahren lassen, sondern sie damit in den Tod schicken: nämlich in die Falle, die er aufgebaut hat und wozu als erster Schritt die Hinfahrt mit dem Bus gehört. Und dieses Ansetzen zur Tötungshandlung fällt wegen §§ 212 I, 22, 23 I StGB jedenfalls außerhalb des erlaubten Risikos ! Diese Beurteilung kann ich nicht teilen. Das In-den-Bus-Setzen ist noch keine versuchte Tötungshandlung, sondern nur eine Vorbereitungshandlung, die als solche im Bereich des erlaubten Risikos bleibt.
[163] Roxin, Grundlagenprobleme, S.137.
[164] Roxin, Grundlagenprobleme, S.138 f.
[165] Vgl. Armin Kaufmann, Jescheck-FS, S.255.
[166] Roxin, Kaufmann-GedS, S.243 f.

selbstverständlich nach den Kriterien der Zurechnung als vorsätzliche Körperverletzungshandlung qualifiziert werden muß. Doch ist sie – jedenfalls auch, vielleicht sogar primär – eine willentliche Lebensrettungshandlung. Der Tatbestand des § 223 I StGB ist nun der Unrechtstypus von Körperverletzung, wie sie sich der Gesetzgeber als mit Strafe zu ahndende Handlung vorgestellt hat. Die in diesem Fall zugleich das Leben rettende (und man kann mit Roxin m.E. durchaus sagen: das Risiko für X wesentlich vermindernde) vorsätzliche Körperverletzungshandlung erfüllt nicht den spezifischen Sinn des Tatbestandes bzw. der Tatbestandshandlung des § 223 I StGB; dieser Unrechtstatbestand umgreift diese vorsätzliche Körperverletzung nicht. Deshalb ist der Tatbestand des § 223 I StGB – der zunächst in allen Merkmalen zu bejahen war! –letztendlich zu verneinen; dogmatisch würde sich hier – vergleichbar mit den Fällen der Einwilligung (und/oder der Heilbehandlung) – ein eigenes Merkmal „Tatbestandsausschluß" anbieten[167]. Daß freilich für A eine Strafbarkeit wegen eines Unterlassungsdeliktes noch weiter in Betracht kommen kann, ist ein anderes Problem.

So ist als Ergebnis vorzuschlagen: die Notwendigkeit, auch den Alleintäter als Tatherrn (mit „Handlungsherrschaft") zu begreifen, führt dazu, daß im Bereich der Vorsatzdelikte die „objektive Zurechnung" (des Erfolges zur äußeren Tat) keinen Platz erhalten kann, weil deren Kriterien durch die Willensherrschaft des Täters – der dem Normalbeurteiler darin überlegen ist! –außer Kraft gesetzt werden. Es gibt nur eine einzige Zurechnung im Rahmen der Unrechtsprüfung der Vorsatztat: nämlich die auf Tatherrschaft bzw. Handlungsherrschaft hin, wie sie oben als „Einheit" von äußeren und täterinneren Merkmalen dargestellt wurde. Solche als Einheit zu prüfenden Merkmale gibt es in anderen Zusammenhängen unproblematisch. Man denke an die finalen Tathandlungen z.B. in § 263 StGB („täuschen") oder in § 292 StGB („dem Wilde nachstellen") oder an die Manifestationsdelikte (§§ 246, 258). Auch die vorsätzliche Tötungshandlung i.S. des § 212 I StGB ist demnach als eine solche Einheit zu sehen und zu prüfen. Selbstverständlich schließt dies nicht aus, daß die Strafrechtsdogmatik zwischen den äußeren und den inneren Merkmalen unterscheidet – freilich nicht: trennt! – und dann (um ein bekanntes Bild von Karl Engisch zu gebrauchen:) den Blick von den einen zu den anderen zu wenden, um herauszubringen, ob der Wille sich auch in dem äußeren Geschehen verwirklicht hat bzw. ob dieses äußere Geschehen als Verwirklichung des Willens betrachtet (zugerechnet) werden kann. Überdies empfiehlt es sich aus fallprüfungstaktischen Erwägungen, mit dem äußeren Tatbestand zu beginnen[168] und die kausale Herbeiführung des Schadens(erfolges) durch ein in

---

[167] Vgl. AK-Schild Vor § 13 Rn.115.
[168] Vgl. AK-Schild Vor § 13 Rn.180 ff.

Betracht kommendes (und daher zu prüfendes) Verhalten vorweg zu the-
matisieren. Danach wäre es sinnvoll, einen inneren Tatbestand anzu-
schließen, innerhalb dessen der Vorsatz zu prüfen ist, allerdings nur bezogen auf das Wissen und Wollen dieses Schadens(erfolges) (und anderer,
handlungsunabhängiger Umstände, die der jeweilige Tatbestand sonst noch
vorsieht). Die eigentliche Prüfung auf die vorsätzliche Tatbestandshandlung ist dann die wesentliche; und kann weder in einem äußeren noch in einem inneren Tatbestand erfolgen, da es gerade um die Einheit beider geht.
Im übrigen liegt diese Dreiteilung des Tatbestandes[169] fast allen Darstel-
lungen des Allgemeinen Teils zugrunde, freilich ohne begriffen oder zumindest ausdrücklich klargestellt zu werden. So macht auch Roxin einen
Unterschied zwischen dem eigentlichen subjektiven Tatbestand, der die
Vorsatzformen[170] und in gewissem Maße auch die Kehrseite – den Tatbestandsirrtum[171] – umfaßt, und der „Zurechnung zum Vorsatz"[172]. Denn
letztere betrifft nicht irgendein Täterinneres, in Worten Roxins: „aber das
ist keine die Psyche des Täters betreffende Frage mehr"[173]; deshalb ist auch
die Bezeichnung „Zurechnung zum Vorsatz" nicht glücklich: sondern es
geht nur und wesentlich um die Frage, ob das kausal herbeigeführte Geschehen, dessen Schaden(serfolg) der Vorsatz des Täters umfaßt hat, im gesamten Ablauf als vorsätzliche Tatbestandshandlung zugerechnet werden
kann. Dabei muß die Dynamik des Geschehens(ablaufs) berücksichtigt
werden. Der Vorsatz des Täters – gerichtet auf Herbeiführung des Scha-
dens(erfolges) – bleibt im Regelfall nicht gleich, sondern erfährt mit dem
Beginnen seiner Verwirklichung im Äußeren Bestätigung und Selbstsicher-
heit, aber auch Widerstand und Niederlagen. Der Wille muß sich anpassen,
neue Wege suchen, vor allem: er muß Durchhaltewille sein, der sich zuletzt
auch im Äußeren durchsetzt. Nur in diesem Wechselspiel von Äußerem
und Innerem zeigt sich die Tatherrschaft des Handelnden oder – in meiner
Terminologie – die Handlungsherrschaft. Es bedarf der gegenseitigen Ab-
wägung und Wertung, um all die sich hier stellenden Probleme (vor allem:
abweichender Kausalverlauf, error in persona, aberratio ictus, „dolus gene-
ralis") lösen zu können. Auch das Kriterium des „Planes" und seiner „Verwirklichung", auf das Roxin vorrangig abstellen möchte[174], ist m.E. nur ein
wichtiges, aber eben nur eines unter mehreren zu berücksichtigenden (zumal es stark an der Absicht orientiert und eher statisch gedacht ist, was der

---

[169] Begründet bereits bei Schild, Merkmale, S.120 ff.
[170] Roxin, Lehrbuch, § 12 Rn.3, 4, 7 ff.
[171] Roxin, Lehrbuch, § 12 Rn.81 ff.
[172] Roxin, Lehrbuch, § 12 Rn.135 ff.
[173] Roxin, Lehrbuch, § 12 Rn.138.
[174] Roxin, Lehrbuch, § 12 Rn.6 u.ö.

Dynamik des Geschehensablaufs nur schwer gerecht werden kann). Insgesamt hat Roxin also recht: diese Frage nach der Tatherrschaft bzw. Handlungsherrschaft geht wirklich über äußeren und inneren Tatbestand hinaus[175]. Nur muß es dann weiter heißen: diese Frage geht auch über die „objektive Zurechnung" (des Erfolges zur äußeren Tat) hinaus; und stellt sich selbstverständlich bei jedem Täter, auch dem Alleintäter.

4. Das eigentliche Problem der für den Alleintäter gestellten Frage „Täterschaft als Tatherrschaft" gilt es nun noch dem Versuch einer Lösung zuzuführen; die hier vorgeschlagene Lösung wird wohl das meiste Unbehagen bereiten.

Es geht dabei um die schlichte Konsequenz: wenn Tatherrschaft Kriterium auch der Alleintäterschaft ist, dann muß der Alleintäter auch wirklich Tatherr sein bzw. – in meiner Terminologie –Handlungsherrschaft haben. Nun bezeichnet Roxin den Alleintäter von vornherein als Tatherrn kraft Handlungsherrschaft und sieht darin sogar den „Prototyp der Täterschaft", „die sinnfälligste Ausprägung der Zentralgestalt": „Man kann eine Tat nicht deutlicher beherrschen, als indem man sie selber tut; man kann nichts fester in der Hand haben als durch die Eigenhändigkeit". Deshalb auch seine Ausgangsthese: „Wer alle Tatbestandsmerkmale eigenhändig verwirklicht, ist Täter. Er hat in jedem denkbaren Falle die Tatherrschaft"[176].

Oben wurde gezeigt, daß Roxin in bezug auf diese Handlungsherrschaft des Alleintäters von einem eher phänomenologischen, auf Eigenhändigkeit und Unmittelbarkeit abstellenden Handlungsbegriff ausgeht, weshalb er diese Handlungsherrschaft auch von der Willensherrschaft unterscheiden kann, obwohl auch und gerade letztere von einem Handlungsbegriff als vor-juristischem, aber die soziale Praxis der alltäglichen Zurechnung aufnehmendem Zurechnungsbegriff als „Handlungsherrschaft" aufzufassen ist. Von diesem materiellen Handlungsbegriff her ist deshalb die Roxinsche Konzeption der Alleintäterschaft zu hinterfragen, wobei sogar ein von ihm selbst formulierter Gedanke herangezogen werden kann: Täter sei nur der, „der die Tatbestandshandlung beherrscht"[177], und zwar selbstverständlich „die Tat *als ganze*"[178] und als „selbständige"[179]! Gerade der die finale Handlungslehre kritisierende Roxin verlangte nach einem „normativen Handlungsbegriff", der am Tatbestand zu orientieren sei und „sämtliche soziale Sinnbezüge der Handlung, soweit sie für das Unrecht maßgebend sind, vollständig umfaßt"[180]. Auch und gerade die von Roxin als Handlungsherr-

---

[175] Vgl. Roxin, Täterschaft, S.330.
[176] Roxin, Täterschaft, S.127.
[177] Roxin, Kriminalpolitik, S.21.
[178] Roxin, NStZ 1987, S.347.
[179] Vgl. Roxin, Lehrbuch, § 11 Rn.51.
[180] Roxin, Grundlagenprobleme, S.107.

schaft bezeichnete Tatherrschaft des Alleintäters bedarf also einer Materialisierung und dadurch Bestimmung ! nämlich zugespitzt zu der Frage, ob nicht jemand –der alle Tatbestandsmerkmale in formaler Betrachtung eigenhändig begeht – trotzdem den Tatbestand nicht erfüllt, weil er materiell nicht die Herrschaft über das eigenhändig Getane hat. Das Unrecht, das er auf diese eigenhändige Weise beginge, wäre dann kein täterschaftliches in dem Sinne, wie sie Roxin beschreibt: „Die Täterschaft ist vielmehr die den Deliktsbeschreibungen entsprechende Form tatbestandlichen Unrechts, an die sich kraft der Sondernormen der [§§ 26,27 StGB] die Anstiftung und Beihilfe straferweiternd anschließen"[181]. Oder anders: das Unrecht, das er beginge, wäre dann vergleichbar nur der Tat eines Teilnehmers, vor allem eines Gehilfen; und wegen der Akzessorietätsregelung der §§ 26, 27 StGB deshalb nicht zu bestrafen, wenn es an der eigentlichen Täterhandlung – der tatbestandsmäßigen, vorsätzlichen, rechtswidrigen Haupttat – fehlte.

Deutlich wird in dieser Fragestellung, daß es nicht um eine unmittelbare, sozusagen: natürliche Herrschaft gehen kann, wie sie diese Eigenhändigkeit der Tatbegehung nahelegt. Das Verdienst der Lehre von der „objektiven Zurechnung" (des Erfolges zur äußeren Tat) ist es, den normativen Charakter der Tatfeststellung selbst als einer Zurechnung ausgearbeitet zu haben: der Schaden(serfolg) müsse als das Werk des Täters aufgefaßt werden[182]! Schon diese Formulierung verweist eigentlich auf die Tatherrschaftslehre, was leider nicht in zureichendem Maße thematisiert wurde. Aber jedenfalls ist festzuhalten: das Verhältnis von vor-juristischer sozialer Zurechnung und spezifisch juristischer Tatbestandsdimension ist das einer Differenz, aber damit auch und gerade deshalb eines vermittelnden Zusammenhanges, weshalb sie unterschieden (aber nicht getrennt) werden müssen. Vom Gesetzgeber über Richter zum Strafrechtsdogmatiker erfinden die Juristen ihre Begriffe im Regelfalle nicht, sondern bedienen sich der sozialen Welt mit ihrem Sinn, ihren Regeln und ihren Verhältnissen, in denen auch das rechtlich Normative stets lebendig gehalten und entwickelt wird; nur deshalb können Gesetze, Urteile und Gutachten überhaupt von Nicht-Juristen verstanden werden. Und umgekehrt verfestigt die juristische Übernahme und Begriffsklärung die sozial gelebte Normativität. „Täterschaft und Teilnahme" sind nun m.E. solche Begriffe, die sowohl im sozialen Alltagsleben Bedeutung haben wie auch im Strafrecht. „Täter" ist von daher immer eigentlich nur derjenige, der wirklich entscheidend handelt, was juristisch als „Tatherrschaft" gefaßt wird. So verknüpfen sich vor-juristische Zurechnung als vorsätzliche Handlung und die juristische Tatbe-

---

[181] Roxin, Täterschaft, S.329.
[182] Vgl. Wessels, Strafrecht. Allgemeiner Teil, 23. Aufl. 1993, § 6 II 5.

standsdimension (als Tatbestandshandlung) miteinander, was sich auch in der sprachlichen Erfassung zeigt.

Aber zurück zu der obigen Fragestellung, die im übrigen allgemein bekannt ist und kontrovers diskutiert wird als Problem der straflosen Teilnahme an Selbstschädigung oder -tötung[183]. Zunehmend wird das Problem der Selbstgefährdung dogmatisch interessant[184]. In diesem Rahmen können aber nur einige mir wesentlich erscheinende Punkte herausgearbeitet und der Diskussion vorgelegt werden.

Zunächst muß selbstverständlich die extrem-subjektive Theorie, die die Rechtsprechung vor allem im Badewannen-Fall (RGSt 74, 84) und im Stachynskij-Fall (BGHSt 18,87) zugrunde gelegt hat, zurückgewiesen werden. In der hier anhand einer Roxin-Interpretation entwickelten Konzeption geht es um die vorsätzliche Handlung und nicht um einen inneren Willen! Deshalb waren sowohl die das Kind ertränkende Tante als auch der russische Agent Täter, die ohne jeden Zweifel die vorsätzliche Tötungshandlung begangen haben.

Auch der in der Rechtsprechung unmittelbar nach 1945 öfters entschiedene und teilweise in der Lehre immer wieder genannte Fall der Tötungen im Rahmen von Erschießungskommandos[185] ist m.E. nicht einschlägig. Zwar mag zutreffen, daß der unmittelbar den tödlichen Schuß Abgebende ein austauschbares Rädchen im Ganzen eines Apparates ist. Aber es gibt keinen Grund, dieses Schießen nicht als vorsätzliche Tötungshandlung zuzurechnen. Trotz seiner Fungibilität ist er – um einen Ausdruck von Günther Jakobs zu gebrauchen! – „zuständig" für diese Handlung. Und in dieser Funktion – die ihm im Rahmen dieser außerhalb der Rechtsordnung stehenden Organisation zukommt, wie Roxin betont[186] –handelt er auch als Tatherr[187].

Doch läßt sich m.E. ein Fall denken, in dem trotz Eigenhändigkeit der Tatausführung materiell keine Tatherrschaft i.S. der hier so genannten „Handlungsherrschaft" anzunehmen ist. Dabei ist im Ansatz klar, daß der Betreffende in irgendeiner untergeordneten Weise tätig werden muß, abhängig sein, dienende Funktion erfüllen muß usw.; also all das, was dem Tat-„Herrn" entgegensteht und ihn zum Tat-„Knecht" macht. Ein einfa-

---

[183] Vgl. die Nachweise in Jakobs, Strafrecht, 7/ 120, 130; 21/ 56 ff.

[184] Vgl. die Nachweise in Roxin, Lehrbuch, § 11 Rn.86 ff.

[185] Vgl. die Nachweise in Lacker, Strafgesetzbuch mit Erläuterungen, 20.Aufl. 1993, 25 Rn.1.

[186] Roxin, Täterschaft, S.249.

[187] Gleiches gilt auch für die Mauerschützen und die Täter unter dem Einfluß gruppendynamischer Prozesse. Vgl. dazu Lüderssen, Der Beitrag der Kriminologie zur Strafrechtsdogmatik, in: Lahti/ Nuotio (Hrsg.), Strafrechtstheorie im Umbruch, 1992, S.465 ff.einerseits, Eisenberg, MSchrKrim 70 (1987), S.367 ff. andererseits.

ches Abhängigkeitsverhältnis zu einer anderen Person, wie es sich im sozialen Leben – man denke nur an die oft zitierte sexuelle Hörigkeit! – entwickeln kann, reicht freilich nicht aus; die Abhängigkeit muß schon eine institutionelle Verfestigung in bestimmten Rollen- oder Statusverhältnissen finden und gefunden haben. Vorausgesetzt ist somit ein Tätigwerden in einer bestimmten sozial fixierten und in einem Organismus eingeordneten Rolle, die eindeutig als dienende Funktion definiert und wahrgenommen werden kann, sozusagen die materiell (aus sich selbst heraus) akzessorisch ist zu anderen Handlungen oder Rollenträgern. Oben (bei der Diskussion der Willensherrschaft kraft organisatorischer Machtapparate) wurde darauf hingewiesen, daß Roxin hier nur auf verbrecherische Organisationen abstellt und dabei übersieht, daß es Herrschaftsverhältnisse auch in anerkannten, rechtlich zugelassenen Organisationen gibt. Diese Einsicht gilt es für unser Problem fruchtbar zu machen !

Günther Jakobs hat einen Fall gebildet, der das mir wesentlich Erscheinende (wohl gegen die Intention des Erfinders) herausstellt[188]. Der Biologiestudent A arbeitet abends als Aushilfekellner in einem Restaurant. Als er gerade das Essen für X abholt, um es zu servieren, entdeckt er in dem exotischen Salat eine Frucht, die er dank seines im Studium erlangten Wissens als giftig erkennt; trotzdem serviert er dem X den Salat mit dem von ihm erwarteten tödlichen Ausgang. Jakobs meint: A sei – abgesehen von einer etwaigen Strafbarkeit gemäß § 323c StGB ! – straflos, weil er als Kellner nicht zuständig für die Anwendung seines Sonderwissens als Biologiestudent sei[189]. Doch geht diese Argumentation – auf die ich hier im einzelnen nicht eingehen kann – m.E. an dem eigentlichen Problem vorbei, was sich sofort zeigt, wenn man in dem Fall die Frucht so giftig sein läßt, daß jeder Kellner ihre tödliche Wirkung erkannt hätte. Zu fragen wäre dann: würde A – also jeder Kellner – den Tatbestand der §§ 212 I, 211 StGB erfüllen, d.h. eine vorsätzliche Tötungshandlung setzen, wenn aufgrund seiner Serviertätigkeit X an dem Gift stirbt ?

Die Umformulierung des Problems durch Jakobs auf „Zuständigkeit" hilft als solche hier nicht weiter. Denn sicherlich darf der Kellner – wenn er bemerkt, daß der Koch B mit der Giftfrucht den Nebenbuhler X töten will! – diese Speise nicht servieren; er würde sich sonst der Beihilfe zu §§ 212 I, 211 StGB strafbar machen. „Zuständig" für die Tötung des X ist der Kellner dadurch jedenfalls; er hätte seinen Organisationskreis ohne Rücksicht

---

[188] Jakobs, Armin Kaufmann-GedS, 1989, S.273.
[189] Jakobs, Kaufmann-GedS, S.284 ff. – Sogar der biologiekundige Neffe soll nicht zuständig sein, wenn er dem Erbonkel ein Konservengericht mit zufällig entdeckten Giftpilzen vorlegt; denn: niemand müsse Konservenpilze vor dem Verzehr kontrollieren. Vgl. Jakobs, Strafrecht, 7/ 59, 50.

46

auf X gestaltet usw., wie eben Jakobs diesen Begriff der „Zuständigkeit" fassen will[190]. Entscheidend aber kann in unserem Ausgangsfall nur die Frage sein, ob der Kellner zuständig als Täter ist ! weshalb es eben nicht wirklich um die Frage der Zuständigkeit geht, sondern um die materielle Frage der Täterschaft im Sinne der Tatherrschaft („Handlungsherrschaft" in meiner Terminologie).

Ich möchte meine Lösung dieses Kellner-Falles als These der Diskussion vorlegen. Die Tätigkeit eines Kellners ist als solche dienender Natur; er hat Bestellungen anzunehmen und an die Küche weiter zu geben und dann das Essen zu servieren; irgendeine selbständige Funktion kommt ihm nicht zu. Deshalb bezeichnet die Soziologie ihn als „Nullperson"[191], worunter man eine Person versteht, der situationsabhängig oder generell soziale Handlungskompetenz nicht zugebilligt wird und die auf diese Weise zu einem „anwesenden Nichtanwesenden" werden kann. Daraus möchte ich ableiten: ein Kellner kann in seiner normalen Tätigkeit nur dienende Handlungen im Sinne des „Hilfeleistens" (§ 27 StGB) setzen. In diesem Rahmen kann er deshalb Beihilfe zu einer eigentlichen Tatbestandshandlung – also z.B. einer vorsätzlichen Tötungshandlung des Koches – begehen, wobei dieser Andere u. U. auch als Täter durch ihn als Werkzeug zu bestrafen wäre. Fehlt die Täterhandlung (also die erforderliche Haupttat), dann kann der Kellner nicht bestraft werden; selbst wenn er von einer solchen Haupttat irrtümlich ausginge, bliebe sein Versuch einer Beihilfe zu dieser Haupttat straflos. Vorausgesetzt ist und bleibt freilich, daß er seine Funktion nicht überschreitet. Erkennt er z.B. die giftige Frucht auf dem Salat und sucht sich dann das Opfer selbst aus, dann begeht auch er eine vorsätzliche Tötungshandlung, wenn der Betreffende stirbt[192].

Soweit mein Lösungsvorschlag ! Insgesamt wird dieser Figur eines eigenhändigen Nicht-Tatherrns nur wenig Anwendungsbereich zuzugestehen sein. Vergleichbare Fälle[193] könnte man finden z.B. für dienende Funktionen in Unternehmen oder Institutionen, in denen eine bestimmte Tätigkeit arbeitsteilig (und noch dazu in unterschiedlicher Gewichtung arbeitsteilig) vorgenommen wird. Erfüllt z.B. ein Briefträger den Tatbestand des § 212 I StGB, wenn er in Kenntnis aller Umstände einen Sprengstoffbrief zustellt, durch dessen Öffnen der Adressat ums Leben kommt ? oder der Tankwart, der trotz Erkenntnis der absoluten Fahruntauglichkeit des

[190] Vgl. Jakobs, Strafrecht, 7/ 16, 68; 21/ 3, 16, 115.
[191] Vgl. Fuchs (Hrsg.), Lexikon der Soziologie, 2.Aufl. 1978, "Nullperson".
[192] So auch Jakobs, Kaufmann-GedS, S.286.
[193] Offensichtlich wurde auch der oft diskutierte Fall des absichtslosen, aber dolosen Werkzeugs als ein solcher Typus aufgefaßt: denn er spielte im Verhältnis von Bauer und Knecht (vgl. Roxin, ZStW 84, 1972, S.1010).

PKWs den Tank mit Benzin füllt, wenn der Fahrer kurze Zeit später bei einem auf diesen Mangel zurückzuführenden Unfall den Tod findet[194]?

IV.

Ich komme zum Schluß; und könnte mein Thema „Täterschaft als Tatherrschaft" überhaupt erst beginnen. Denn bis jetzt wurde die Tatherrschaftslehre als solche noch nicht einer kritischen Befragung unterzogen. Dies ist auch hier nicht (mehr) möglich! Doch soll als Ausblick wenigstens noch angedeutet werden, was für dieses Thema noch untersuchenswert wäre.

Nämlich: erkennt man den Charakter der Tatherrschaft (oder – in meiner Terminologie – der Handlungsherrschaft) in der Zurechnung als vorsätzliche Tatbestandshandlung, dann kann man festhalten, daß bei Tatherrschaft eben zugerechnet wird. Doch nun läßt sich auch umgekehrt fragen: wird denn dem Alleintäter nur das Geschehen zugerechnet, das er beherrscht, in seinen Händen hält, steuernd lenkt und leitet usw., wie all diese Formeln heißen[195]? Die Antwort kann nur lauten: selbstverständlich nicht. Man denke nur an § 211 StGB – gemeingefährliches Mittel: hier wird geradezu vorausgesetzt, daß der Täter das Opfer tötet durch ein Mittel, dessen Wirkung auf Leib oder Leben einer Mehrzahl anderer Menschen er nach den konkreten Umständen nicht in der Hand hat. Auch die meisten anderen, ausdrücklich im 27. Abschnitt unter „gemeingefährliche Straftaten" eingeordneten Delikte gehören hierher, wie z.B. die Sprengstoffdelikte; aber auch z.B. die Aids-Problematik paßt hierher, vielleicht sogar alle anderen Phänomene der „Risikogesellschaft"[196]. Entscheidender Grund für die Zurechnung des Geschehens – das zu einem bestimmten Schaden(serfolg) geführt hat! – ist in diesen Fällen nicht (und kann nicht sein) die Tatherrschaft über den Verlauf[197], sondern er liegt in dem Freisetzen dieser (u.U. dann überhaupt unbeherrschbaren) Gewalt im Willen auf das dann tatsächlich eingetretene Ziel. Maßgebend ist nicht die Beherrschbarkeit des Werkzeugs, sondern die Einsetzbarkeit zur Erreichung des vorgesetzten Zieles. Auch wenn die freigesetzten Kräfte dann sinnlos walten

---

[194] Vgl. dazu Jakobs, Strafrecht, 7/ 52.

[195] Vgl. Wessels, Strafrecht, § 13 II 5.

[196] Oder man denke an den von Jakobs, Strafrecht, 21/ 66, gebildeten Fall: Der Vater A schickt seinen 10jährigen Sohn B ohne Geld, aber mit dem Auftrag weg, bald, aber nicht ohne Bier nach Hause zu kommen. B geht los und bricht in das Geschäft des X ein, dem er fünf Flaschen Bier entnimmt, die er dem A heimbringt.

[197] Wobei selbstverständlich es immer um den Verlauf als ganzen geht. Darauf hat zu recht Roxin, NStZ 1987, S.347, hingewiesen.

und alles aus den Fugen geht: sie bleiben das Werkzeug dessen, der sie freigelassen hat! und es bleibt eine vorsätzliche Tatbestandshandlung durch Verwendung eines Werkzeuges. Nur deshalb kann im übrigen eine vorsätzliche Tatbestandshandlung selbst dann vorliegen, wenn der Täter überhaupt nichts (mehr) beherrschen kann. Gibt A eine Briefbombe auf, die frühestens nach der Zustellung in drei Tagen explodieren kann, stürzt er dann aber schwer und bleibt fünf Tage bewußtlos: dann hat A das durch die beim Öffnen explodierende Briefbombe getroffene Opfer vorsätzlich getötet. Selbst wenn A vor dem Eintritt des Schadens(erfolges) verstorben wäre, würde sich an seiner vorsätzlichen Tötungshandlung nichts ändern; genausowenig wie in dem Fall, daß er seinen Willen in der Zwischenzeit aufgibt und alles, leider aber vergeblich, versucht, das Opfer zu warnen. Deutlich wird hier der Charakter der Feststellung der Handlung als einer Zurechnung; nämlich dahingehend, daß ein Geschehen auf einen Verantwortlichen hin zentriert wird, als dessen Werk es dann gilt. Der Handelnde ist – wegen der Zurechnung zur Handlung – der Herr des Geschehens, wenn auch nicht der Tat selbst. Er ist qua Zurechnung der Herr im Nachhinein! auch wenn er es während des Geschehens nicht war, ja nicht einmal sein konnte.

Wenn die Täterschaft des Alleintäters schon über die Tatherrschaft in der angegebenen Weise des In-den-Händen-Haltens usw. hinausgeht, dann könnte man auch für den Fall der Beteiligung mehrerer das Kriterium der Tatherrschaft für Täterschaft problematisieren. Ist es denn wirklich sinnvoll, die mittelbare Täterschaft von der Tatherrschaft her zu bestimmen, wenn zugleich der Versuch dieses Deliktes darin gesehen wird, das Werkzeug aus dem Herrschaftsbereich zu entlassen[198]? Oder könnte man auf andere Kriterien der Zurechnung abstellen, die auch die Trennung zu den Unterlassungs- als Pflichtdelikten aufheben würden?

Aber diese Fragen gehen bereits eindeutig über das Thema dieses Vortrages hinaus.

---

[198] So schon Roxin, Maurach-FS, 1972, S.227; ders., Lackner-FS, 1987, S.314.